# Espíritu,
# Alma
# y Cuerpo II

¡La historia del mundo espiritual desplegada en el espacio!

# Espíritu, Alma
# y Cuerpo II

## Dr. Jaerock Lee

URIM
BOOKS

Espíritu, Alma y Cuerpo I por el Dr. Jaerock Lee
Publicado por Libros Urim (Representante: Kyungtae Noh)
73, Yeouidaebang-ro 22-gil, Dongjak-gu, Seúl, Corea
www.urimbooks.com

Derechos de autor © 2013 por el Dr. Jaerock Lee
ISBN: 978-89-7557-813-7, ISBN: 978-89-7557-811-3(set)
Derechos de traducción al inglés © 2012 por la Dra. Esther K. Chung. Usado con permiso.

Publicado originalmente en coreano por Libros Urim en 2009.

*Primera publicación: agosto 2013*

Editado por la Dra. Geumsun Vin
Diseñado por la oficina editorial de Libros Urim
Para mayor información contáctese con urimbook@hotmail.com

# Prefacio

Desde el momento que yo acepté a Jesucristo y comencé a leer la Biblia, empecé a orar y a comprender profundamente el corazón de Dios, quien me respondió después de siete años de innumerables oraciones y períodos de ayuno. Después de abrir una iglesia, Dios me explicó muchos pasajes difíciles en la Biblia a través de la inspiración del Espíritu Santo, entre ellos el detallado contenido que concierne al 'Espíritu, alma y cuerpo'. Esta es la misteriosa historia que nos permite entender el origen del hombre y comprendernos a nosotros mismos. Este es un recuento de lo que yo no había logrado escuchar en ningún otro lado, y significa para mí un gozo sin descripción.

Cuando prediqué estos mensajes con el tema de 'espíritu, alma y cuerpo', hubo muchos testimonios y respuestas, tanto de Corea como del extranjero. Muchos dijeron que habían llegado a comprenderse a sí mismos, entendieron el tipo de seres que somos y recibieron respuestas a muchos pasajes en la Biblia que son difíciles de entender, así como el entendimiento de las formas mediante las cuales se obtiene la vida verdadera. Algunas de esas personas dicen que ahora se han propuesto llegar a ser personas del espíritu y participar de la naturaleza divina de Dios, y se esfuerzan por alcanzar lo que está escrito en 2 Pedro 1:4, donde leemos: *"por medio de las cuales nos ha dado preciosas y grandísimas promesas, para que por ellas llegaseis a ser participantes de la naturaleza divina, habiendo huido de la corrupción que hay en el mundo a causa de la concupiscencia"*.

Sun Tzu, autor de *El Arte de la Guerra*, dice que si uno se conoce a sí mismo y conoce al enemigo, jamás perderá una batalla. Los mensajes sobre el 'Espíritu, alma y cuerpo' proveen una luz respecto a la parte profunda de nuestra 'persona' y nos enseñan sobre el origen del hombre. Una vez que aprendemos y entendemos este mensaje por completo, también podremos comprender a cualquier tipo de persona. Además aprenderemos la manera de derrotar a las fuerzas de las tinieblas, las cuales nos han venido afectando, para que podamos llevar vidas cristianas victoriosas.

*El segundo volumen de Espíritu, Alma y Cuerpo* explicará en particular acerca del origen de Dios Creador, el vasto espacio espiritual y el espacio de la luz en el que habitará nuestro espíritu. Contiene algunas fotografías a todo color, las cuales le ayudarán a comprender mejor la forma y el espacio de Dios. Una vez que hayamos entendido los secretos de los espacios y lleguemos a ser personas de Espíritu Completo, podremos superar las limitaciones humanas para usar los espacios de Dios e incluso podremos ver Su forma. Es por esto que Jesús prometió en Juan 14:12: *"De cierto, de cierto os digo: El que en mí cree, las obras que yo hago, él las hará también; y aun mayores hará, porque yo voy al Padre".*

Me gustaría agradecer a la Directora Geumsun Vin y a todo el personal del Departamento Editorial. Anhelo que a través de este libro, los lectores obtengan los requisitos para entrar al espacio de la luz y que experimenten los maravillosos espacios de Dios.

*Jaerock Lee*

# Comenzando el segundo viaje por el Espíritu, alma y cuerpo

*""Y el mismo Dios de paz os santifique por completo; y todo vuestro ser, espíritu, alma y cuerpo, sea guardado irreprensible para la venida de nuestro Señor Jesucristo"* (1 Tesalonicenses 5:23).

En la actualidad el espacio cibernético está abierto para cualquier persona que tenga acceso a la Internet, pero la gente hace uso de él en distintos niveles de acuerdo a la extensión de su conocimiento de los computadores y a la habilidad que tengan para manejar la Internet. De igual manera, en la medida en que comprendemos el espacio de Dios, podemos entender los sorprendentes milagros en la Biblia y experimentar tales obras de Dios en nuestras vidas diarias.

La Biblia nos habla de muchos eventos en base a los cuales podemos entender los espacios de Dios. Cuando Esteban se convertía en mártir al ser apedreado, la puerta de los Cielos se abrió y él vio al Hijo del Hombre parado a la diestra de Dios (Hechos 7:56). Esto fue posible porque Dios abrió el espacio del cuarto cielo. Pedro fue encarcelado mientras predicaba el evangelio, sin embargo, fue liberado con la ayuda de los ángeles. El apóstol Pablo tuvo una experiencia similar cuando fue encarcelado en Filipo. Dios abrió el espacio del tercer cielo para enviar un ángel poderoso que soltó las cadenas y abrió las puertas. Una vez que cultivamos el corazón de Espíritu Completo, podremos usar el espacio de Dios en este mundo y nada será imposible. Además disfrutaremos de vida eterna y bendiciones en la Nueva Jerusalén en el futuro. Por otro lado, una persona que todavía no se ha sumergido en el Espíritu Completo necesita alcanzar la medida de justicia para poder hacer uso del espacio de Dios. Este libro está lleno de las historias que se despliegan en el infinito espacio del espíritu.

---

**Este libro ayuda a los lectores a comprender:**

1. El amor de Dios quien dividió los espacios, las dimensiones y la luz y las tinieblas en Su Providencia por el Cultivo de la humanidad para obtener hijos verdaderos. Cuando aceptamos a Jesucristo y actuamos con fe, podemos disfrutar del derecho de ser hijos de la luz y de ir al hermoso espacio de la luz.

2. El Cielo que está en el espacio de la luz. Este se clasifica en muchas moradas, desde el Paraíso hasta la Nueva Jerusalén. Nosotros viviremos ahí en el Cielo en cuerpos celestiales perfeccionados y disfrutaremos de la vida eterna que está llena de felicidad y gozo, y esto es un regalo de Dios para nosotros.

3. El poder de Dios que puede transformarnos en verdaderos hijos de Dios que tienen Su imagen. Por medio del poder de Dios podemos entrar en el hermoso espacio de luz y también experimentar las obras maravillosas y poderosas que sobrepasan los límites de este mundo.

Prefacio

Comenzando el segundo viaje por el Espíritu, alma y cuerpo

# Parte 1

# El vasto espacio del reino espiritual

¿Qué ocurrió en el Cielo antes de la creación?
¿Cómo se formó el espacio de luz
y el espacio de las tinieblas?

"Este es el mensaje que hemos oído de él,
y os anunciamos: Dios es luz,
y no hay ningunas tinieblas en él".
- 1 Juan 1:5

"Al que cabalga sobre los cielos de los cielos,
que son desde la antigüedad;
He aquí dará su voz, poderosa voz".
- Salmos 68:33

## Capítulo 1
# Tinieblas y Luz

La luz y las tinieblas existen, no solo en este mundo visible, sino que también hay espacios de luz y tinieblas en el mundo espiritual.
¿Cuál es la razón por la que Dios permitió que existieran los espacios de las tinieblas y quién los gobierna?

El vasto espacio espiritual y el Dios original

Dios planificó el Cultivo de la humanidad

El Dios original se convirtió en Dios la Trinidad

Dios creó a los ángeles y querubines

La fallida rebelión de Lucifer

La Providencia de Dios en la división de la luz y las tinieblas

Mientras usted era niño, ¿se quedó dormido alguna vez mientras contaba el número de estrellas en el cielo? Pienso que muchas personas cuentan con este recuerdo... Existen muchas estrellas que son visibles ante nuestros ojos, pero también hay innumerables estrellas a las que no podemos ver. ¿Cuán grande es el universo?

Incluso con el desarrollo de la ciencia, el hombre no ha logrado calcular el tamaño exacto del universo debido a que es un espacio vasto e infinito. Planetas como la Tierra se unen para formar un sistema solar, y muchos sistemas solares y otros cuerpos celestiales se reúnen para formar galaxias. Un grupo de galaxias está conformado por un múltiple número de galaxias, los cuales a su vez forman microcosmos y el conjunto de estos hace el gran universo.

El tamaño de nuestro sistema solar en nuestra galaxia se aprecia como un punto pequeño solamente; esta galaxia es también como un simple punto comparado con el tamaño del universo entero. Este universo físico por sí solo no puede medirse con el equipo científico más sofisticado, pero al compararlo con el espacio espiritual, también representa tan solo una pequeña porción.

Además del universo físico que podemos ver, hay un espacio espiritual que se extiende sin fin en otra dimensión. La Biblia menciona múltiples 'Cielos'.

En Deuteronomio 10:14 leemos: *"He aquí, de Jehová tu Dios son los cielos, y los cielos de los cielos, la tierra, y todas las cosas que hay en ella"*, y en Nehemías 9:6 dice: *"Tú solo eres Jehová; tú hiciste los cielos, y los cielos de los cielos, con todo su ejército, la tierra y todo lo que está en ella, los mares y todo lo que hay en ellos; y tú vivificas todas estas cosas, y los ejércitos de los cielos te adoran"*.

¿Cómo llegaron a existir muchos cielos y qué pasó en ellos antes de la creación de este mundo? Regresemos al tiempo de la creación de este mundo, antes de la existencia del universo y galaxias que conocemos. El universo de ese entonces no era el mismo que es hoy; era tan solo un gran espacio sin la distinción entre el espacio espiritual y el espacio físico.

## El vasto espacio espiritual y el Dios original

El vasto espacio espiritual se refiere al universo original como un todo; este fue el espacio que el Dios original abrigó antes de los tiempos. En este caso, al hablar de 'Dios original' me refiero a Dios, quien existió como luz y voz antes de la creación. El universo original se refiere al universo donde existía el Dios original.

¿Cuál era la apariencia original de Dios? Imagine bellas luces que llenan el vasto e infinito universo, las cuales se extendían y rodaban como olas. Tal como lo dice 1 Juan 1:5, *"Dios es luz"*; Dios se extendió por todo el universo original en la forma de aquella luz hermosa y brillante.

Las 'luces boreales' nos ayudan a captar esta forma del Dios original. Estas se pueden ver en los cielos cercanos a las regiones polares y por lo general son de bellos colores: rojo, azul, amarillo, verde claro o rosa. Se dice que las luces boreales son tan hermosas que aquellos que las han visto jamás las olvidan.

En Romanos 1:20 leemos: *"Porque las cosas invisibles de él, su eterno poder y deidad, se hacen claramente visibles desde la creación del mundo, siendo entendidas por medio de las cosas hechas, de modo que no tienen excusa"*. Dios creó luces como las boreales para que podamos entender Su apariencia original cuando nos preguntamos acerca de Él.

El Dios original tenía una voz majestuosa pero clara y pura a la vez en las luces que rodaban como olas. ¿Has oído los sonidos como un susurro que acompañan a una suave brisa? En el viento que proviene del mar, se puede escuchar el suave sonido de las olas. Así como el sonido viaja entre los vientos, la voz salía de la luz original en sí, y al igual que el sonido que es transportado por el viento, la voz original se difundía junto con la luz original a través de todo el universo mientras lo abrazaba al mismo tiempo.

Si usted escucha esta voz tan solo una vez, jamás la olvidará. Yo la he escuchado algunas veces; fue muy majestuosa, pura y limpia, lo que significa que es grande y natural. La voz de Dios es, de hecho, muy clara y pura, dulce y al mismo tiempo majestuosa, que es capaz de resonar en todo el universo.

En Juan 1:1 dice: *"En el principio ya existía la Palabra; y aquel que es la Palabra estaba con Dios y era Dios"*. Esta 'Palabra' que existía en el principio es la voz original que resonaba desde la luz original. El verso anterior expresa a Dios como 'Palabra', que es la esencia, y no la forma, de Dios quien es la luz. La 'Palabra' es el contenido y 'Dios' es el nombre que se dio a ese contenido. Por tanto, la esencia de Dios es la 'Palabra' y Su existencia era en forma de luz y voz que llenaban todo el universo.

## Dios planificó el Cultivo de la humanidad

En cierto momento durante la infinita línea de tiempo, Dios que existía solo, pensó en el Cultivo de la humanidad:

*¿Qué tal si hubiese un ser quien pudiera conocer acerca de este vasto universo y mi corazón, y compartiera su amor conmigo? ¿Qué tal si pudiera entender y aceptar mi corazón y las emociones que yo compartiría con él, y si pudiera darme su corazón a cambio? ¡Sería algo muy lindo y lleno de gozo!*

Dios deseaba otro ser con el que pudiera comunicarse y compartir todo en el universo. De manera particular, Dios anhelaba un ser con quien pudiera compartir Su amor. Dios hizo el plan del Cultivo de la humanidad con el deseo de iniciar una nueva obra para obtener a Sus hijos verdaderos.

¿Qué piensa usted que Dios hizo primero en el plan del Cultivo de la humanidad? Dios existía antes como luz que se difundía por todo el universo, pero se concentraba en la cima del reino espiritual y llegó a tener la forma de luz. Cuando Él se adhirió como una sola luz, se formaron las diversas dimensiones de los 'cielos'. En este caso, el 'cielo' es un sinónimo del espacio en el universo. Al principio hubo solamente un universo original, pero cuando el Dios original se unió y cohesionó como una sola luz, se formaron los diferentes espacios en el universo. Esto se debió a que, así como las luces que se difundieron por el universo se unieron y concentraron en la cima del reino espiritual, los diferentes espacios se formaron de acuerdo a la intensidad de la luz.

En el pasado, la intensidad de la luz era la misma en todo lugar del universo original, pero luego, la cima del reino espiritual llegó a ser el lugar más intenso. Por ejemplo: si usted coloca 10 000 luces de manera uniforme en un vestíbulo, la intensidad será la misma en todo el lugar. Sin embargo, ¿qué pasaría si coloca una luz con intensidad de 10 000 luces en el centro del vestíbulo? Las áreas cercanas al centro serán las más iluminadas; al contrario, las más alejadas serán las menos iluminadas. De igual manera, cuando la luz original se convirtió en una sola luz condensada, los diferentes espacios se crearon de acuerdo a la distinta intensidad en el espacio.

La luz original es una luz espiritual; cuando la intensidad

de la luz cambió, la densidad de la naturaleza espiritual también cambió. Cuando la luz original se unió como una luz condensada, la intensidad de la luz y la densidad del espíritu se hicieron menos densos mientras incrementaba la distancia hacia la fuente. Así que, el universo original que solía existir como un solo espacio, se clasificó en cuatro universos distintos de acuerdo a la intensidad de la luz y la densidad del espíritu. Dios los llamó 'primero, segundo, tercer y cuarto cielos'.

El lugar en el que Dios el Origen se adhirió como una luz es un lugar muy especial que pertenece al cuarto cielo. Por consiguiente, en el cuarto cielo la luz es más intensa, al igual que la densidad del espíritu. El tercer cielo tiene menos intensidad de luz y densidad de espíritu que el cuarto cielo, y lo mismo ocurre con el segundo cielo. El reino espiritual está compuesto por el segundo al cuarto cielo; el primer cielo está en el universo físico que vemos con nuestros ojos, el mismo que es universo donde la naturaleza del espíritu casi desaparece cuando Dios se unió como una sola luz, y por eso está lleno de la naturaleza de la carne, en lugar de la del espíritu.

En el espacio físico, si corta cierto espacio en cuatro partes, cada parte será más pequeña que el espacio original. No obstante, este no es el caso del espacio espiritual, lo que se debe a que no hay límites en el espacio espiritual. Cuando el vasto e ilimitado universo se dividió en cuatro partes, estas se convirtieron en cuatro universos vastos e ilimitados. Por consiguiente, aunque el universo original se dividió en cuatro cielos, no hay un límite para cada uno. No solo el segundo, tercero y cuarto cielos carecen de límites, sino también el primer cielo que está en un mundo material.

Dios permitió que haya estos cielos diferentes según el uso. Primero separó el Primer Cielo para establecerlo como el escenario del cultivo de la humanidad. El Segundo Cielo se preparó como un lugar para los espíritus de las tinieblas, los cuales son necesarios para el Cultivo de la humanidad, pero también fue para Adán, el que fue creado como un espíritu viviente. El Tercer Cielo se separó para construir el reino celestial en el que entraría el 'buen trigo' proveniente del Cultivo de la humanidad. Finalmente, el Cuarto Cielo es el espacio para Dios la Trinidad; está en la misma dimensión del universo que solía ser un espacio original.

Cuando el universo original fue separado por primera vez en cuatro cielos, estos no tenían contenido alguno, aunque no significa esto que estaban completamente vacíos. Había innumerables estrellas en el universo original. En el Primer Cielo todavía no se había creado nuestra Tierra, el sistema solar ni nuestra galaxia. En el Tercer Cielo aún no se había creado el reino de los cielos; tan solo era un espacio adecuado para hacer ahí el reino celestial. Después de esta separación de espacios, Dios comenzó a llenar estos espacios con Sus obras de creación.

## El Dios original se convirtió en Dios la Trinidad

Después de cohesionarse como una sola luz, primero Dios se separó a Sí mismo en tres luces. En este caso, al decir que 'una luz se divide en tres luces', la idea no es igual a la de un bulto que se divide en tres partes. Es más bien como si dos luces idénticas surgen del interior de esa única luz original. Aunque la luz original se separó en tres luces, estas no están separadas ni son distintas, sino que son iguales a la luz original.

La luz original había existido como una sola; las otras dos luces se habían hecho recientemente. Después de convertirse en tres luces, estas asumieron una forma espiritual que es semejante a la del hombre, y llegaron a existir como Dios el Padre, Dios el Hijo y Dios el Espíritu Santo. Después de que Dios el Origen se dividió en Dios la Trinidad, cada uno en la Trinidad se puso su propio cuerpo espiritual, que es un poco diferente el uno del otro. Pero los espíritus dentro de los cuerpos espirituales surgieron del mismo Dios original, por lo que podemos decir que todos los Tres en Uno tienen el mismo corazón, pensamientos, poder y sabiduría.

Es por eso que nos referimos a Dios el Padre, Dios el Hijo y Dios el Espíritu Santo como 'la Trinidad'. Dios la Trinidad creó primero las cosas que eran necesarias en el espacio en el que Él moraría. Cuando Dios existía solo como luz y voz impregnada en su interior, Él no necesitaba una morada. No obstante, ya que ahora tenía una forma, Él necesitaba un lugar donde morar.

Cuando Dios la Trinidad permanece en el Cuarto Cielo, quizás asuma una forma, o quizás no. En el Cuarto Cielo Él puede cambiar Su forma según lo que desee, y ya que a veces usa una forma, hay una morada ahí. Dios siempre tiene una forma en el Tercer Cielo que también acoge el reino de los cielos, y por eso creó una morada para Él ahí. También comenzó a crear seres espirituales que le servirían.

## Dios creó a los ángeles y querubines

Hay dos tipos de seres espirituales creados por Dios: los 'ángeles' y los 'querubines'. Un ángel es casi igual en su forma a la de un hombre, excepto que tiene alas (Apocalipsis 14:6). El hombre fue creado a la imagen de Dios, y también lo fueron los ángeles (Marcos 16:5). La diferencia está en que los ángeles solo tienen la imagen externa de Dios, mientras que los hombres tienen la imagen externa, así como el corazón de Dios.

¿Qué se puede decir acerca del tamaño de los ángeles? Hay ángeles que son similares a los hombres. No obstante, también hay ángeles muy pequeños y otros muy grandes. Su forma y características dependen de su responsabilidad.

Por ejemplo: si hay un ángel que tiene la responsabilidad de ser un general del ejército, sería más apropiada la figura masculina. Para los ángeles que cantan y danzan, sería adecuada la forma femenina. Claro está que esto no significa que no hay ángeles de sexo masculino que sean bailarines; así como en este mundo existen hombres bailarines que cumplen con su labor, también hay ángeles con apariencia de hombres, aunque su existencia con apariencia o carácter de ángeles masculinos o femeninos no significa que tienen género, sino que indica simplemente que su apariencia o comportamiento se percibe como de hombre o mujer.

Los ángeles sirven y cumplen sus responsabilidades por orden de Dios. Hay muchos tipos de tareas, así como hay muchos ángeles.

*Y todos los ángeles estaban en pie alrededor del trono, y de los ancianos y de los cuatro seres vivientes; y se postraron sobre sus rostros delante del trono, y adoraron a Dios* (Apocalipsis 7:11).

*Vi descender del cielo a otro ángel fuerte, envuelto en una nube, con el arco iris sobre su cabeza; y su rostro era como el sol, y sus pies como columnas de fuego* (Apocalipsis 10:1).

*¿No son todos espíritus ministradores, enviados para servicio a favor de los que serán herederos de la salvación?* (Hebreos 1:14).

Entre estos hay ángeles que ministran a los hijos de Dios en la Tierra, así como también hay ángeles que han recibido una tarea muy particular en el reino espiritual. El número de ángeles asignado a cada creyente dependerá de la extensión en la que cada persona se santifique para llegar a ser persona de espíritu y espíritu completo. La jerarquía entre los ángeles se establece y mantiene estrictamente de acuerdo a la jerarquía espiritual de sus mayordomos. Asimismo, hay ángeles que se asignan a cada persona por individual, sea o no sea creyente. Estos son los ángeles que registran cada palabra y obra de cada persona que está viviendo en este mundo.

Mientras los ángeles conservan la forma de los hombres, los querubines tienen formas semejantes a las de los animales. Los querubines que tienen la responsabilidad de escoltar a Dios tienen forma de diversos animales, tales como el león, el águila y la vaca o el buey. En Salmos 18:10 se expresa: *"Cabalgó sobre un querubín, y voló; Voló sobre las alas del viento"*.

Los dragones, los que la gente considera animales imaginarios, de hecho solían ser parte de los querubines. El dragón que Dios creó primero, era muy hermoso y amable; era como la mascota de Dios. Tenía piel muy suave, también manos y pies; sus variados colores hermosos eran indescriptibles. Los dragones eran los principales entre los querubines y tenían gran cantidad de poder y autoridad, así como un vasto número de mensajeros que estaban bajo su mando.

Entre los querubines se encuentran los 'cuatro seres vivientes'. Estos se ven como una masa sólida de acero con un color oscuro. Los cuatro seres vivientes son los que provocan desastres y castigos según las órdenes de Dios y muestran Su dignidad y autoridad. Tienen una cabeza con cuatro rostros: hombre, león, becerro y águila. Estos se levantan a manera de cuatro personas paradas con su espalda hacia el interior y sus rostros mirando hacia afuera. En el espacio del centro hay una llama de fuego que sube y baja. Su cuerpo está lleno de ojos y miran absolutamente todo.

Cuando Dios creó los ángeles y los querubines, no les dio el libre albedrío que le dio al hombre, por lo que simplemente obedecen las órdenes de Dios de acuerdo a su jerarquía. Incluso en la actualidad, Dios señorea sobre todo el universo mediante estos ángeles y querubines.

## El reino espiritual está bien organizado y sistematizado

La Biblia habla también acerca de las huestes celestiales y los arcángeles. Lucas 2:13 dice: *"Y repentinamente apareció con el ángel una multitud de las huestes celestiales, que alababan a Dios, y decían..."* Las huestes celestiales son el ejército celestial.

Asimismo, en 1 Tesalonicenses 4:16 dice: *"Porque el Señor mismo con voz de mando, con voz de arcángel, y con trompeta de Dios, descenderá del cielo; y los muertos en Cristo resucitarán primero"*. El hecho de que existan arcángeles, nos indica que hay rangos en el mundo de los ángeles.

Los arcángeles examinan cada aspecto haciendo las veces de manos, pies, ojos y oídos de Dios. También reciben órdenes y dan reportes a Dios directamente. Bajo estos arcángeles que son como ministros, están innumerables ángeles apoyándolos. Estos arcángeles no dirigen a todos los ángeles que están a su mando; tienen otros ángeles líderes que manejan cierta unidad de ángeles. En este sistema, una vez que se ha dado una orden, se la lleva a cabo correctamente y los reportes no tienen error alguno. Aunque hay muchos pasos, este proceso se lleva a cabo de modo instantáneo.

Dios puede señorear y examinar a cada persona en este mundo mientras está en Su trono, gracias a la labor de los ángeles. Claro está que Dios es Todopoderoso y puede examinarlo todo por Sí mismo, sin embargo, los ángeles reportan directamente ante Él lo que ven y examinan. De este modo, los ángeles no serán tan solo los que reportan algo, sino también testigos de sus reportes. Esto añade más luz de justicia sobre el juicio de Dios, cuando Él juzga algo.

Por ejemplo: podemos hablar acerca del castigo que se aplicó sobre Sodoma y Gomorra. Génesis 19:1 dice: *"Llegaron, pues, los dos ángeles a Sodoma a la caída de la tarde..."* Dios envió Sus ángeles para que examinaran las cosas una vez más antes de castigar a Sodoma y Gomorra. Las personas del lugar mostraron actos de mucha rebelión. Es decir, intentaron lastimar incluso a estos ángeles. Eventualmente Dios castigó a Sodoma y Gomorra con fuego.

Algunos de los arcángeles más conocidos son Gabriel y Miguel. Gabriel es un mensajero que parece llevar revelaciones o palabras especiales de Dios; Él es grande y digno, usa una túnica con mangas grandes, las cuales contienen la revelación de Dios. Al igual que el símbolo que distingue a un ministro que lleva la orden del rey, Gabriel usa una túnica con un estampado que es semejante a un sello real.

El arcángel Miguel es como un jefe de una armada y tiene dignidad en sus ojos. Lleva un traje blindado y un cinturón alrededor de su cintura que puede contener muchos tipos de armas en el interior. El hecho de tener armas en el reino espiritual significa que Dios le ha dado la autoridad para pelear batallas espirituales. Diferentes tipos de armas simbólicas se elaborarán dependiendo de cuán feroz sea la batalla.

También hay dos arcángeles inmensos. Estos tienen imagen femenina y gran poder y autoridad. Por lo general no sonríen; si aparecen, las grandes obras de Dios los acompañan. Son tan altos que, aunque uno se pare en un edificio muy alto, solamente se podrá ver el borde de su túnica. No se puede medir cuán altos son; el reino espiritual tiene un concepto muy distinto al del mundo físico en lo que respecta a medidas.

## Tres arcángeles que pertenecen directamente a Dios

Además de los muchos ángeles, Dios creó algunos bajo Su control directo, los cuales le servirían de manera personal. Estos son los tres arcángeles, incluyendo Lucifer. Estos tenían posición y dignidad al igual que otros arcángeles, pero también tenían autoridad muy especial.

De manera general, a los seres espirituales no se les dio libre albedrío; solamente podían obedecer a Dios de modo incondicional. No obstante, en el caso de estos tres arcángeles que pertenecían a Dios directamente, se hizo la excepción y Dios les dio humanidad y libre albedrío, cosas que solamente pueden tener los seres humanos. Dios los creó para que tuvieran humanidad y compartieran amor con Él aunque no pueden ser como los hijos de Dios que se obtienen mediante el Cultivo de la humanidad. Él permitió que le sirvieran con el corazón y que compartieran sus sentimientos de gozo y felicidad con Él, haciendo uso de su libre albedrío.

Los tres arcángeles tenían apariencia femenina y un corazón gentil, manso y bueno. Las palabras que salían de sus bocas estaban llenas de un buen aroma, y su comportamiento era elegante. No obstante, cada uno de ellos tenía una ligera diferencia en su carácter. Lucifer tenía un carácter más fuerte que los otros dos. Estaba a cargo de la música y complacía a Dios con su voz melodiosa e instrumentos musicales. Dios se deleitaba en su alabanza, y lo amaba mucho.

En cierta ocasión, Dios me mostró cómo es Lucifer. Estaba usando un vestido grande y espléndido decorado con bellas piedras preciosas. Su cabello estaba adornado con alhajas que colgaban en perfecta armonía con su cabello rubio. Además tocaba un magnífico instrumento musical. El resonante sonido de las alhajas y de la alabanza se mezclaban y dispersaban al igual que el viento que sopla. El sonido subía hasta Dios y era muy hermoso.

Pero ya que Lucifer disfrutaba del amor de Dios y de gran poder durante un largo tiempo, la arrogancia comenzó a crecer en su mente. Al ver todas las cosas que Dios estaba haciendo y Su gran autoridad para señorear el reino espiritual por completo, sintió envidia. La arrogancia creció en su mente y pensó que podía hacer algo mejor que Dios. Finalmente hizo un plan para

17

comenzar a exaltarse más que a Dios y comenzó a reunir sus fuerzas.

Lucifer tenía gran poder, de modo que primero reunió a los ángeles bajo su autoridad y a su lado. Además de los innumerables ángeles, sedujo también a los dragones y a muchos de los querubines bajo su mando; los atrajo al pretender que estaba planeando una misión secreta para Dios.

## La fallida rebelión de Lucifer

Dios conocía la mente de Lucifer, por lo que le dio una oportunidad para que se arrepintiera al permitirle saber las consecuencias de la rebelión en un intento de que viera directo a la realidad. Pero la arrogancia ya se había asentado en la mente de Lucifer, y no quiso cambiar. Lucifer se reveló contra Dios y fue derrocado; fue expulsado junto con los seres espirituales que le siguieron y todos fueron confinados al Abismo, conocido también como 'abismo sin fondo'.

Isaías 14:12-15 habla acerca de la rebelión y derrota de Lucifer y el resultado final:

*¡Cómo caíste del cielo, oh Lucero, hijo de la mañana! Cortado fuiste por tierra, tú que debilitabas a las naciones. Tú que decías en tu corazón: Subiré al cielo; en lo alto, junto a las estrellas de Dios, levantaré mi trono, y en el monte del testimonio me sentaré, a los lados del norte; sobre las alturas de las nubes subiré, y*

*seré semejante al Altísimo. Mas tú derribado eres hasta*
*el Seol, a los lados del abismo.*

La Biblia también habla acerca de los ángeles que siguieron
a Lucifer. En 2 Pedro 2:4, dice: *"Porque si Dios no perdonó*
*a los ángeles que pecaron, sino que arrojándolos al infierno*
*los entregó a prisiones de oscuridad, para ser reservados al*
*juicio..."* Asimismo, en Judas 1:6, leemos: *"Y a los ángeles que*
*no guardaron su dignidad, sino que abandonaron su propia*
*morada, los ha guardado bajo oscuridad, en prisiones eternas,*
*para el juicio del gran día".*

Génesis 1:2 habla también acerca de lo que pasó en el reino
espiritual antes de la creación de este mundo. Dice: *"Y la tierra*
*estaba desordenada y vacía, y las tinieblas estaban sobre la*
*faz del abismo, y el Espíritu de Dios se movía sobre la faz de*
*las aguas".*

Este verso tiene un significado espiritual, así como uno físico.
Implica lo que sucedía en el reino espiritual, así como también las
cosas que se estaban dando en el mundo físico.

En lo espiritual, al decir que "la tierra estaba desordenada",
implica que el orden espiritual estaba perturbado al momento
debido a la rebelión de Lucifer. La 'tierra' representa 'el mundo
de las tinieblas controlado por Lucifer'. Ya que Lucifer y los seres
que le seguían quebrantaron el orden establecido por Dios, se
dice que la Tierra estaba desordenada. Luego dice que la Tierra
estaba 'vacía'. Esto expresa el corazón de Dios luego de la traición
de Lucifer, a quien Él amaba mucho.

Pero la rebelión fue reprimida pronto y los espíritus malignos fueron confinados en la parte más profunda del Infierno, el Abismo. Esto es lo que se indica al decir que "las tinieblas estaban sobre la faz del abismo". Dios restauró el orden y la paz al poner el poder de las tinieblas en el Abismo, lo que se expresa al decir que "el Espíritu de Dios se movía sobre la faz de las aguas".

## Dios creó la Tierra en el Primer Cielo

Cuando la Tierra se hizo, su condición en un principio no fue igual a la de hoy. Había actividad sísmica, erupciones volcánicas y movimientos de las placas y corteza terrestre. También había muchos tipos de actividades tomando lugar en la atmósfera.

Así, esta condición inestable de la Tierra se explica al decir que "la tierra estaba desordenada y vacía". En la siguiente frase dice que "las tinieblas estaban sobre la faz del abismo", lo que significa que cuando la Tierra fue creada, no había sol, luna ni ninguna otra estrella en nuestra galaxia, por lo que la Tierra estaba cubierta de oscuridad. Cuando Dios estaba llenando la Tierra con todo lo necesario, Él se esforzó al máximo. Al igual que un padre que construye y llena una casa para su familia con todo su cuidado, abrigó toda la Tierra e hizo Su obra de creación.

Este proceso se explica al decir que "el Espíritu de Dios se movía sobre la faz de las aguas". En ese entonces, Dios mismo descendió a la Tierra y examinó lo que ésta necesitaría y cómo haría las cosas, yendo por toda la Tierra. La Biblia dice que el 'Espíritu de Dios' se movía sobre la faz de las aguas. Esto nos indica que la Tierra estaba cubierta de agua completamente. Al igual que un feto que crece en líquido amniótico dentro del útero, la Tierra estaba cubierta por las aguas durante un largo tiempo hasta que se dieron los seis días de la creación en el planeta.

¿De dónde provenía el agua que cubría toda la Tierra? Esta era el agua de vida que salía del trono de Dios. Dios hizo el agua de vida cuando creó el vasto reino espiritual, y llevó esa agua a la Tierra. La razón por la que cubrió la Tierra con el agua de vida fue para crear un buen entorno para que todas las cosas vivientes, incluyendo los seres humanos, vivieran ahí en el futuro.

No se puede encontrar ningún otro planeta en el sistema solar, que esté tan lleno de agua como la Tierra. De hecho, no se ha encontrado ningún otro planeta que tenga agua suficiente para soportar vida. Esto se debe a que Dios trajo el agua de vida únicamente a la Tierra y creó el ambiente básico en el que las cosas vivas pudieran continuar sus vidas.

Cuando Dios cubrió la Tierra con el agua de vida, Él deseaba que todos los hombres obtuvieran la vida eterna en Dios; que todos los seres humanos vivieran en la Tierra y que se convirtieran en hijos verdaderos con un corazón puro y limpio como el agua de vida.

## La Providencia de Dios en la división de la luz y las tinieblas

Finalmente Dios comenzó Su primer día de creación. Génesis 1:3-4 dice: *"Y dijo Dios: Sea la luz; y fue la luz. Y vio Dios que la luz era buena; y separó Dios la luz de las tinieblas"*. Dios dijo: "Sea la luz". En este caso, la luz es la luz espiritual y la luz que sale del trono de Dios. Esta luz tiene el poder y la divinidad de Dios, quien cubrió la Tierra con luz y estableció las bases de la Tierra para que ya no estuviera desordenada y vacía sino que funcionara de manera ordenada y sistemática.

Luego, en Génesis 1:4-5, dice: *"Y vio Dios que la luz era buena; y separó Dios la luz de las tinieblas. Y llamó Dios a la luz Día, y a las tinieblas llamó Noche. Y fue la tarde y la mañana un día"*. Al dar la orden de que existiera la luz, el orden básico y las reglas de la naturaleza se establecieron en la Tierra, y así, incluso cuando no había sol o luna, funcionaba como si estos ya hubiesen existido. En otras palabras, el día y la noche en la Tierra no se crearon en base al sol y la luna. Dios ya había establecido el orden y las reglas respecto al día y la noche, y el sol y la luna fueron creados posteriormente para gobernar el día y la noche.

No obstante, la separación del día y la noche tiene un significado más importante que la separación física. Esto significa que el primer día de la creación, Dios liberó a Lucifer y algunos de los ángeles caídos del Abismo y así se formó el reino de los espíritus malignos. Dios sabía que se necesitaba la luz espiritual y las tinieblas para el Cultivo de la humanidad, así como todo en la Tierra pasa por el ciclo del día y la noche. Él planificó todo incluso antes de los tiempos, y cuando llegó el momento preciso, dio la autoridad a Lucifer, quien traicionó a Dios, para que enseñoreara las tinieblas.

Sin embargo, esto no significa que le dio autoridad semejante a la de Dios, el Mayordomo y Propietario del vasto universo. Él permitió sus seres espirituales y el orden y sistema del mundo de los espíritus malignos exclusivamente con el propósito del Cultivo de la humanidad, para que este se llevara a cabo equitativamente y dentro de la justicia. En realidad Lucifer, soberano de las tinieblas, solía pertenecer a la luz, pero se desvió y se corrompió. No obstante, aún está bajo el poder supremo y la autoridad de Dios.

## Dios permitió el espacio de las tinieblas en el Segundo Cielo

En Génesis 1:6-8 dice: *"Luego dijo Dios: Haya expansión en medio de las aguas, y separe las aguas de las aguas. E hizo Dios la expansión, y separó las aguas que estaban debajo de la expansión, de las aguas que estaban sobre la expansión. Y fue así. Y llamó Dios a la expansión Cielos. Y fue la tarde y la mañana el día segundo"*.

Con el agua de vida que fluía del trono de Dios, Él estabilizó la Tierra que sería el escenario del Cultivo de la humanidad. Luego creó la expansión. La expansión que estaba en la Tierra se refiere a la atmósfera que se creó. Luego Dios separó el agua que cubría la Tierra en el agua debajo de la expansión y el agua sobre la expansión.

El agua debajo de la expansión es agua que permaneció en la Tierra. Al tercer día de la creación, las aguas se juntaron en un lugar para formar el océano, y se convirtió en la fuente para la formación de otros cuerpos tales como ríos y lagos en la Tierra. El agua sobre la expansión se usó para los fenómenos meteorológicos, tales como la formación de nubes y las precipitaciones, pero el uso principal fue en el Huerto del Edén.

Cuando la Biblia habla de 'expansión', no solo se refiere al cielo que vemos. En Génesis 1 dice que todo lo que Dios creó durante los seis días de creación, era bueno, excepto por el segundo día. El segundo día, Dios no declaró que era 'bueno' y la razón de esto es que ese día Dios permitió que se formara el espacio de las tinieblas en el segundo cielo para los espíritus malignos, ya que se les dio la 'potestad del aire' y más adelante fueron usados en el proceso del Cultivo de la humanidad.

En Efesios 2:2 leemos: *"...en los cuales anduvisteis en otro tiempo, siguiendo la corriente de este mundo, conforme al príncipe de la potestad del aire, el espíritu que ahora opera en los hijos de desobediencia"*. Esto nos indica que el espacio de las tinieblas en el que moran los espíritus malignos, es el 'aire'. Es el espacio que está al lado y al este del Huerto del Edén, en el que los espíritus malignos morarán hasta que termine el cultivo de la humanidad.

Claro está que el Huerto del Edén está también en el segundo cielo, al igual que el espacio para los siete años del Banquete de las Bodas que tendrá lugar una vez que termine el Cultivo de la humanidad. Pero, ya que ese día se formó el espacio de las tinieblas en el que los espíritus malignos tendrían potestad, Dios no lo declaró como 'bueno'.

## El mundo de los espíritus malignos

Antes de que Lucifer se convirtiera en gobernante de las tinieblas, había visto y aprendido mucho al estar cerca de Dios el Padre. Observó cómo enseñoreó Dios el vasto espacio espiritual por medio de los ángeles y querubines, y cuándo formó el mundo de los espíritus malignos, imitó las maneras de Dios. Estableció dos cadenas de mando para dar órdenes y gobernar el mundo de las tinieblas. Una es la cadena de mando de los dragones y sus ángeles, y la otra es la cadena de Satanás y los demonios.

Primero: Lucifer dio a los dragones la autoridad práctica similar a la de los generales de los ejércitos y los organizó bajo su cargo para que apoyaran sus obras. Los cuatro dragones que tienen el 'poder del aire' controlan a los hombres de las tinieblas para poder recibir su adoración. Los dragones penetran en lugares de idolatría donde causan que la gente los adore.

Lucifer controla todo desde un segundo plano, mientras obra a través de Satanás quien controla los pensamientos de falsedad del hombre, teniendo exactamente el mismo corazón y pensamientos que Lucifer. Satanás no tiene una forma sólida y se aparece como humo oscuro. Por esta razón, aquellos que aceptan las obras de Satanás tiene algo semejante a una nube oscura al rededor de su rostro. En algunas personas, el humo oscuro cubre su cuerpo entero, de los pies a la cabeza.

La labor del diablo es la de incitar a la gente a poner en práctica los pensamientos de falsedad. Algunos de los ángeles caídos fueron liberados y se desenvuelven como diablos. El diablo hace lo opuesto a los ángeles; usa un atuendo completamente negro.

Cuando una persona hace las cosas que el diablo le insta a hacer, incluso al punto de entregarle su corazón, entonces el demonio poco a poco lo sojuzgará. Los demonios son espíritus malignos, pero no son seres espirituales que fueron hechos por Dios al igual que los ángeles sino que fueron una vez seres humanos que vivieron en este mundo. Algunas de las personas que murieron sin salvación, vienen a este mundo en casos especiales y actúan como herramientas de los espíritus malignos.

El mundo de los espíritus malignos se formó con Lucifer como su líder y estos perturban las obras de Dios. Todos sus esfuerzos se centran en conducir a toda alma al camino del Infierno. La razón por la que Dios le dio a Lucifer y a los espíritus malignos el poder de las tinieblas es para obtener hijos verdaderos mediante el Cultivo de la humanidad. Hijos verdaderos son aquellos que viven en la Luz y en la Verdad y que se asemejan a Dios; estos creen en Él, en Jesucristo el Salvador y aman y obedecen a Dios por su propia voluntad.

El mundo de los espíritus malignos se puede comparar con el fertilizante que el agricultor pone en los campos. Los fertilizantes químicos son agentes que tienen alguna toxicidad y que son peligrosos si el hombre los ingiere, pero son de gran ayuda para que los campos produzcan buenas cosechas si se las aplica en los cultivos. De manera similar, a través de las obras de Lucifer y de los espíritus malignos que se levantan contra Dios y conducen a Sus hijos a cometer pecados, llegamos a comprender mediante una clara comparación, cuán inmundas son las tinieblas y cuán preciosa es la Luz. Luego se llega a anhelar cada vez más la Luz y el deseo de convertirse en hijos de la Luz. En consecuencia, Lucifer y los espíritus malignos están ayudando con el Cultivo de la humanidad de Dios.

Él dio al hombre la libertad de elegir mediante el libre albedrío, de modo que pudiera elegir entre la luz y las tinieblas por sí mismo. Dios habita en la luz y es natural que aquellos que aman a Dios deseen estar en la Luz y más cerca de Dios. Es a través de este proceso que Dios obtiene hijos verdaderos; este es el proceso del Cultivo de la humanidad. Dios es la Luz verdadera y aquellos que se alejan de las tinieblas y entran a la Luz llegan a asemejarse a Dios. A estas personas podemos llamar 'verdaderos hijos de Dios'. Estos vivirán con el Señor por siempre en el espacio de la luz y disfrutarán de felicidad y gloria otorgada por Dios eternamente.

## Las áreas de la luz y las tinieblas coexisten en el Segundo Cielo

El espacio de la luz es gobernado por Dios. Este espacio incluye el Edén en el segundo cielo, el tercer cielo que alberga el reino de los cielos y el cuarto cielo que es el área original de Dios.

En el segundo cielo coexisten el área de la luz y el área de las tinieblas. Tal como se explica anteriormente, Dios separó la luz y las tinieblas en el primer día de la creación. Lucifer y los espíritus malignos fueron liberados el primer día y llegaron a morar en el área de las tinieblas en el segundo cielo a partir del segundo día de la creación. Dios ha permitido que se mantengan en esta área de las tinieblas en el segundo cielo durante el curso del Cultivo de la humanidad.

¿Qué tipos de espacios hay en el área de luz en el segundo cielo?

Uno de ellos es el lugar para los siete años del Banquete de las Bodas que el Señor ha preparado. Las almas salvas, que son el fruto del Cultivo de la humanidad, asistirán a este Banquete en el futuro. 1 Tesalonicenses 4:17 dice: *"Luego nosotros los que vivimos, los que hayamos quedado, seremos arrebatados juntamente con ellos en las nubes para recibir al Señor en el aire, y así estaremos siempre con el Señor"*. El 'aire' en este verso es este espacio en el área de la luz en el segundo cielo.

La otra área dentro del área de luz es el Huerto del Edén.

Muchas personas piensan que el Huerto estaba en la Tierra, por lo que algunos lo han buscado en Israel y otras partes del Medio Oriente, pero nadie ha logrado jamás encontrar ningún rastro del Huerto del Edén hasta hoy, lo que se debe a que el Huerto del Edén no fue hecho en este mundo, sino en el segundo cielo, que es un reino espiritual.

Dios hizo a Adán, el primer hombre, en la Tierra y luego lo llevó hasta el Huerto del Edén ya que fue hecho del polvo de la tierra, pero no era un ser físico. Génesis 2:7 dice: *"Entonces Jehová Dios formó al hombre del polvo de la tierra, y sopló en su nariz aliento de vida, y fue el hombre un ser viviente"*. Adán llegó a ser un ser viviente, un espíritu viviente, por causa del aliento de vida de Dios. El espacio físico no era adecuado para este Adán, un ser espiritual, pero sí lo era el Huerto del Edén, que es un espacio espiritual ubicado en el segundo cielo.

El Huerto del Edén es un mundo espiritual, pero es distinto al reino de los cielos en el tercer cielo. Es un mundo espiritual, pero si la gente de ahí desciende a la Tierra, se la puede ver y tocar. El entorno en el Huerto del Edén es similar al de la Tierra, pero las plantas y animales jamás mueren ni se corrompen porque es un reino espiritual, completamente puro y limpio, y el ambiente natural se preserva tal como es. La inmensidad de esta área está más allá de nuestra imaginación. Ya que Adán era un espíritu viviente, además de la Tierra, Dios hizo el Huerto del Edén en el segundo cielo para él.

## Tercer cielo y cuarto cielo

El tercer cielo es el lugar donde está ubicado el reino de los cielos. Este alberga el trono de Dios y es un espacio donde los hijos de Dios, los que han alcanzado salvación a través de Jesucristo, vivirán por siempre. El apóstol Pablo fue guiado hasta el tercer cielo y vio el Paraíso. Asimismo, en Apocalipsis 21, el apóstol Juan explicó con detalle acerca de la ciudad de la Nueva Jerusalén. Podemos ver que el reino de los cielos no es como un espacio abierto, pero tiene muchos lugares diferentes.

El Paraíso, que es el lugar que vio Pablo, es la morada para aquellos creyentes que tienen la fe para apenas recibir salvación (Lucas 23:42-43). Los que tienen una fe mayor que estas personas, irán al Primer reino de los cielos, y los que tengan fe aún mayor irán al Segundo reino de los cielos.

Los que han alejado toda forma de maldad y se santifican, irán al Tercer reino de los cielos y quienes no solo hayan alejado toda maldad sino que también han alcanzado la fe para agradar a Dios, es decir, aquellos que se han sumergido en el espíritu completo, irán a la ciudad de la Nueva Jerusalén donde está ubicado el trono de Dios. Entre los diferentes lugares del tercer cielo, la Nueva Jerusalén es el que resplandece más. El brillo disminuye mientras uno más se aleja de la Nueva Jerusalén. El Paraíso es el lugar que menos resplandece. Aun así, el primer cielo en el cual vivimos, no se compara con él porque es más brillante y más hermoso incluso que el Huerto del Edén en el segundo cielo.

El cuarto cielo es el espacio donde Dios existía solo en el principio; un espacio exclusivamente para Dios la Trinidad. La ubicación en la que el Dios original se adhirió como una luz es el cuarto cielo, que está en la misma dimensión que la del universo original. En el primero, segundo y tercer cielos hay diferentes flujos de tiempo respectivamente, pero en el cuarto cielo podemos decir que el flujo del tiempo difícilmente existe, y no hay ninguna limitación impuesta por el tiempo. Asimismo, Dios puede hacer ahí cualquier cosa que desee y esto significa que tampoco hay limitaciones de espacio.

Nadie puede entrar en este espacio a discreción personal, excepto por el Dios Trino. Únicamente un par de arcángeles y personas muy especiales entre aquellas que están en la Nueva Jerusalén pueden entrar en este espacio con el permiso de Dios. Nadie puede siguiera aproximarse a este espacio sin el permiso de Dios; si alguien se acerca sin Su permiso, su espíritu se disipará y dispersará como el humo.

Hasta ahora hemos estudiado el vasto espacio espiritual. Dios dividió el espacio original único en el primero, segundo, tercero y cuarto cielos como parte de Su plan para obtener hijos verdaderos. Así como hay espacios de los 'cielos' similares a niveles, hay también espacios como niveles que corresponden a los espacios de la 'tierra'. Estos son el 'sepulcro alto', el 'sepulcro bajo', el Infierno y el Abismo.

## Sepulcro alto y Sepulcro bajo

Dios se refiere al lugar que le pertenece a Él como 'Cielo', y al lugar que le corresponde al enemigo diablo y Satanás como 'Tierra'. Sin embargo, hay una excepción; se trata del Sepulcro alto.

Los que son salvos permanecerán en el Sepulcro alto por tres días antes de ir al lugar de espera en el Paraíso. El Sepulcro alto pertenece a la 'Tierra' y no al 'Cielo' en el reino espiritual, pero esto no significa que pertenece a las tinieblas. El sepulcro alto es también un área de luz que pertenece a Dios, y el enemigo diablo y Satanás no puede entrar en él. Se distingue claramente del Sepulcro bajo que está al mando del poder de las tinieblas. El Sepulcro alto es un área de verdad y luz.

No obstante, la razón por la que todavía se dice que corresponde a la 'Tierra' es porque no es mejor ni siquiera que el Huerto del Edén que está en el segundo cielo. Por esta razón, cuando la Biblia menciona acerca de aquellos que son salvos y van al Sepulcro alto, dice que 'descienden' en lugar de decir que 'suben'.

Génesis 37:35 dice: *"Y se levantaron todos sus hijos y todas sus hijas para consolarlo; mas él no quiso recibir consuelo, y dijo: Descenderé enlutado a mi hijo hasta el Seol. Y lo lloró su padre"*. En este caso, el 'Seol' no se refiere al Sepulcro bajo para los que no son salvos, sino al Sepulcro alto, lugar para quienes han alcanzado salvación.

Asimismo, 1 Samuel 28:12-13 dice: *"Y viendo la mujer a Samuel, clamó en alta voz, y habló aquella mujer a Saúl, diciendo: ¿Por qué me has engañado? pues tú eres Saúl. Y el rey le dijo: No temas. ¿Qué has visto? Y la mujer respondió a Saúl: He visto dioses que suben de la tierra"*. Esta es la escena en la que la mujer que era una médium se sorprendió al ver a Samuel que estaba muerto. Él estaba en el Sepulcro alto y por eso es que dice que ha subido de la tierra.

Claro está que esta mujer médium no invocó al espíritu de Samuel. Los hechiceros o médiums no tienen el poder para comunicarse con Dios o invocar espíritus muertos; simplemente pueden comunicarse con el área de las tinieblas e invocar a los demonios.

Sin embargo, esta vez se trató de una ocasión especial. De manera especial, Dios sacó a Samuel, el que estaba en el Sepulcro alto, para hacerles conocer la voluntad de Dios. Saúl ya había sido abandonado por Dios por causa de su desobediencia, pero Él le dio gracia especial porque todavía era el rey de Israel, y Dios recordó que Samuel oró con gemidos y lágrimas para que Saúl se alejara de sus malos caminos y su desobediencia cuando estaba vivo.

La razón por la que Samuel estaba en el Sepulcro alto fue porque esto se dio antes de que Jesús tomara la cruz. Únicamente después de que Jesús murió en la cruz y resucitó, Él tomó las almas del Sepulcro alto al lugar de espera en el Paraíso. Antes de la resurrección de Jesús, las almas salvas permanecieron en el Sepulcro alto con Abraham, el padre de la fe, quien estaba a cargo del lugar. Es por eso que la Biblia dice que las almas salvas van 'al seno de Abraham'. En Lucas 16:22, leemos: *"Aconteció que murió el mendigo, y fue llevado por los ángeles al seno de Abraham; y murió también el rico, y fue sepultado"*.

La Biblia no hace una clara distinción entre el Sepulcro alto y el Sepulcro bajo, simplemente dice que la gente baja al Seol, conocido también como Hades. Pero en la parábola del hombre rico y el mendigo, Lázaro, Jesús habló acerca de los diferentes lugares para aquellos que son salvos y los que no lo son. Lázaro alcanzó la salvación y fue al seno de Abraham, es decir, al Sepulcro alto. Este lugar es distinto al Sepulcro bajo que es el lugar al que fue el hombre rico. Hay un gran abismo entre ambos lugares y no es posible atravesarlo para visitarse mutuamente. Al explicar el reino espiritual en términos del cielo y la tierra, decimos que el Sepulcro alto corresponde a la tierra, pero está ciertamente en el área de luz que pertenece a Dios.

## El Infierno contiene lagos de fuego y azufre ardiente

El área de las tinieblas tiene también un lago de fuego y un lago de azufre (ardiente) además del Sepulcro bajo. Cuando mueren aquellos que no son salvos, sufren en el Sepulcro bajo y luego van al lago de fuego o azufre ardiente después del Gran Juicio. El juicio se realizará sin error en absoluto en base al Libro de la Vida que tiene los nombres de aquellos que son salvos, y los otros libros que registran las obras de cada individuo. Apocalipsis 20:12-15 habla acerca de cómo se llevará a cabo el juicio:

*Y vi a los muertos, grandes y pequeños, de pie ante Dios; y los libros fueron abiertos, y otro libro fue abierto, el cual es el libro de la vida; y fueron juzgados los muertos por las cosas que estaban escritas en los libros, según sus obras. Y el mar entregó los muertos que había en él; y la muerte y el Hades entregaron los muertos que había en ellos; y fueron juzgados cada uno según sus obras. Y la muerte y el Hades fueron lanzados al lago de fuego. Esta es la muerte segunda. Y el que no se halló inscrito en el libro de la vida fue lanzado al lago de fuego.*

Al hablar de 'los muertos', se refiere a aquellos que no han aceptado a Jesucristo o los que tienen una fe muerta, los cuales se presentarán delante del trono de Dios para ser juzgados y entonces serán abiertos los libros. Aparte del Libro de la Vida que registra los nombres de aquellos que son salvos, hay otros libros que registran cada una de las obras de los muertos que no han alcanzado salvación. No solo las obras de todas las personas, sino también todos sus pensamientos y lo que han albergado en el corazón y mente desde su nacimiento hasta la muerte será registrado por los ángeles. Los que no son salvos serán juzgados de acuerdo a la magnitud de sus pecados registrados en los libros y recibirán el castigo eterno.

El 'mar' representa a la etapa del Cultivo de la humanidad, que es este mundo. Por consiguiente, la expresión 'el mar entregó los muertos' nos dice que estos fueron cultivados en este mundo. Además significa que el mundo entregará sus cuerpos físicos y muertos para el juicio. Cuando la gente muere sin recibir salvación, sus espíritus son confinados en el Sepulcro bajo mientras sus cuerpos se tornan un puñado de polvo en algún lugar de la Tierra. Pero en el Juicio Final los espíritus que estaban en el Sepulcro bajo serán vestidos con cuerpos que serán apropiados para el juicio.

Además dice que "la muerte y el Hades entregaron los muertos que había en ellos". Esto significa que aquellos que estaban en el Sepulcro bajo, destinados a sufrir la muerte eterna por causa de sus pecados, se presentarán ante Dios para ser juzgados. Hasta que el Juicio del Gran Trono Blanco tome lugar, recibirán varios tipos de castigos en el Sepulcro bajo, tales como el ser desgarrados por insectos o animales o el ser torturados por los mensajeros del Infierno.

Después del Gran Juicio caerán al lago de fuego o al lago de azufre ardiente (Apocalipsis 21:8). El dolor que sufrirán en el lago de fuego no se compara con el dolor que se vivirá en el Sepulcro bajo; sufrirán y serán salados con fuego en el lugar en el que *"el gusano de ellos no muere, y el fuego nunca se apaga"* (Marcos 9:47-49). El lago de azufre ardiente es el lugar para los que cometieron graves pecados, tales como la blasfemia contra el

El vasto espacio del reino espiritual

Espíritu Santo y la interrupción de las obras del Espíritu Santo. El lago de azufre es siete veces más caliente que el lago de fuego.

## El Abismo

La parte más profunda del área de las tinieblas es el Abismo donde entrarán los espíritus malignos. Después de que el Señor regrese en el aire, los hijos salvos de Dios tendrán los siete años del Banquete de las Bodas en el aire. Durante el mismo período de tiempo, esta Tierra pasará por la Tribulación. Los espíritus malignos que estaban en el aire serán conducidos a la Tierra y asumirán el poder. El mundo será abatido por la III Guerra Mundial, y se desatarán grandes tragedias semejantes al Infierno en la Tierra. Una vez que terminen los siete años de la Gran Tribulación, los espíritus malignos confinados al Abismo y el Reino Milenario comenzarán en este mundo.

Los hijos de Dios que terminen los siete años del Banquete de las Bodas en el aire descenderán con el Señor y reinarán con Él por mil años (Apocalipsis 20:4). La Tierra, la cual se encontrará devastada por causa de los siete años de la Gran Tribulación, será renovada por completo y llegará a tener un ambiente hermoso. Al llegar el fin del Reino Milenario, los espíritus malignos serán liberados una vez más por un momento por la Providencia de Dios, pero serán confinados en el Abismo otra vez después del Juicio del Gran Trono Blanco.

Hasta antes del Juicio del Gran Trono Blanco, Lucifer y sus mensajeros controlarán el Sepulcro bajo, pero después del Juicio, tanto el Sepulcro bajo como el Infierno estarán gobernados únicamente por el poder de Dios. Los espíritus malignos serán lanzados como basura al Abismo, un lugar oscuro y frío. Serán confinados en una condición en la que no podrán moverse en absoluto, como si estuvieran presionados por una roca inmensa. Los ángeles caídos serán lanzados sin sus alas como un símbolo de maldición y vergüenza.

El hecho de ser lanzado quizás no parezca tan horrible como el dolor y el castigo del Infierno, pero no es así. Al igual que la presión que se siente cuando uno se sumerge en lo profundo del agua, la fuerza de la carne se incrementará al profundizarse en el Infierno. El Abismo es la parte más profunda del Infierno y toda la energía carnal se condensará en ese lugar. Será más temible y doloroso el castigo de ir al Abismo que el de ser torturado por mensajeros del Infierno en el Sepulcro bajo, o sufrir el dolor del lago de fuego o azufre ardiente.

Imagínese que usted está confinado en algo semejante a un gran bloque de concreto sólido, sin poder moverse en absoluto. Está consciente, pero no puede respirar ni tampoco abrir ni cerrar los ojos. ¡Es un fósil viviente! Al estar fosilizado, debe recibir diferentes tipos de dolores, la fuerza de la desesperación y la presión que lo empuja hacia abajo como si fuera a estallar.

Dios amó a Lucifer en gran manera antes de que se corrompiera, pero quedará atrapado en esta eterna maldición como resultado de haberse levantado en contra de Dios. Dios no castigó a Lucifer apenas se corrompió; se trataba también de una criatura solamente, así que Dios podía haberla destruido inmediatamente, pero no lo hizo, y hay una razón para ello.

Se debe a que nosotros podemos llegar a ser hijos verdaderos de Dios gracias a la existencia de Lucifer, gobernante de las tinieblas, durante el curso del Cultivo de la humanidad. Podemos ser transformados y convertirnos en hijos de luz que se asemejan a Dios al estar velando y orando mientras el enemigo diablo ronda como león rugiente buscando a quién devorar. Dios desea compartir felicidad eterna con Sus hijos de luz en la Nueva Jerusalén, que es un lugar de luz. A continuación veremos cuáles son los requisitos para entrar a este lugar de luz.

# Capítulo 2
# Requisitos para entrar en el espacio de la Luz

La luz y las tinieblas no pueden coexistir.
Para entrar en el espacio de la luz
debemos resolver el problema de las tinieblas.
Mientras mayor sea nuestra comunión con Dios quien es Luz
y tengamos el corazón de Jesucristo,
más resplandeciente será el espacio de la luz al que vamos a poder entrar.

Dios desea hijos de luz

Practicar la bondad con un corazón de espíritu

Producir el fruto de la rectitud con fe

Producir el fruto de la veracidad con obras

Los frutos de la luz nos conducen al espacio de la Luz

El hombre debe ir, ya sea al espacio de luz o al de las tinieblas, una vez que termine su vida en este mundo. Ya que el espíritu de los humanos no se puede extinguir, este debe ir al Cielo o al Infierno.

Respecto a esto, Hebreos 9:27 dice: *"Y de la manera que está establecido para los hombres que mueran una sola vez, y después de esto el juicio..."* Asimismo, Juan 5:29 dice: *"...y los que hicieron lo bueno, saldrán a resurrección de vida; mas los que hicieron lo malo, a resurrección de condenación"*. La vida en este mundo no lo es todo; hay una vida por venir la cual es eterna, y una vez que nuestra vida física termine, solamente habrá dos alternativas: ir al Cielo o ir al Infierno.

El Dios de amor desea que todos reciban salvación y que disfruten de felicidad en el área de luz. En 1 Pedro 2:9 leemos: *"Mas vosotros sois linaje escogido, real sacerdocio, nación santa, pueblo adquirido por Dios, para que anunciéis las virtudes de aquel que os llamó de las tinieblas a su luz admirable"*.

Examinemos si podremos entrar en la maravillosa área de Luz

en calidad de real sacerdocio.

## Dios desea hijos de luz

El apóstol Pablo habla acerca de Dios de la siguiente manera: *"El único que tiene inmortalidad, que habita en luz inaccesible; a quien ninguno de los hombres ha visto ni puede ver, al cual sea la honra y el imperio sempiterno. Amén"* (1 Timoteo 6:16). Esto significa que Dios mora en la luz y que es eterno y perfecto. 1 Juan 1:5 nos enseña: *"Este es el mensaje que hemos oído de él, y os anunciamos: Dios es luz, y no hay ningunas tinieblas en él"*.

Así también, Santiago 1:17 expresa: *"...Padre de las luces, en el cual no hay mudanza, ni sombra de variación"*. Dios es la Luz en sí y en Él no hay sombra de variación. Por esta razón, la Biblia nos dice en muchas partes que nosotros también debemos convertirnos en personas de luz que se asemejan a Dios.

En 1 Tesalonicenses 5:5 leemos: *"Porque todos vosotros sois hijos de luz e hijos del día; no somos de la noche ni de las tinieblas"*. En Efesios 5:8-9 dice: *"...porque en otro tiempo erais tinieblas, mas ahora sois luz en el Señor; andad como hijos de luz (porque el fruto del Espíritu es en toda bondad, justicia y verdad)"*. Mateo 5:14-16 dice también: *"Vosotros sois la luz del mundo; una ciudad asentada sobre un monte no se puede esconder. Ni se enciende una luz y se pone debajo de un almud, sino sobre el candelero, y alumbra a todos los que están en casa. Así alumbre vuestra luz delante de los hombres, para que vean vuestras buenas obras, y glorifiquen a vuestro Padre que está en los cielos".*

La luz y las tinieblas no pueden coexistir. Para entrar en el espacio de la luz debemos resolver el problema de las tinieblas.

¿Cuáles son estas tinieblas de las que debemos abstenernos para convertirnos en hijos de luz? En simples palabras, las tinieblas representan todo aquello que pertenece al pecado. Estas son cosas de la carne y obras de la carne, las mismas que se han explicado de manera detallada en el primer volumen de *Espíritu, Alma y Cuerpo.*

Las obras de la carne son pecados cometidos en acción y las cosas de la carne son los pecados que se cometen con la mente y los pensamientos. Por ejemplo: según Romanos 1, la perversidad, avaricia, maldad y envidia son actos de injusticia. Asimismo, en Gálatas 5 se menciona el adulterio, fornicación, inmundicia, lascivia, idolatría, hechicerías, enemistades, pleitos, celos, iras, contiendas, disensiones, herejías, envidias, homicidios, borracheras y orgías como 'obras de la carne'.

También hay cosas que a nosotros no nos parecen que pertenecen a las tinieblas, pero ante los ojos de Dios sí lo son. Así como las tinieblas no existen ante la luz, el pecado y la maldad que corresponden a las tinieblas serán revelados cuando la luz de la verdad ilumine sobre ellos. Con la Palabra de Dios quien es luz, podemos descubrir las tinieblas que no habíamos logrado ver por nosotros mismos.

Por ejemplo: Jesús explicó que pronto moriría en Jerusalén, y Pedro intentó detenerlo por causa de su amor por Él. Entonces Jesús lo reprendió diciendo: *"¡Quítate de delante de mí, Satanás!"* (Mateo 16:23)

Pedro pensó que su responsabilidad era la de detener a Jesús, pero esto era tinieblas ante los ojos de Dios ya que era Su voluntad que Jesús fuera crucificado y que abriera el camino de salvación. Tras esta reprensión, Pedro se convirtió en un apóstol humilde que revivió a los muertos y llevó a miles de personas al arrepentimiento en un solo día después de recibir el Espíritu Santo.

Como he explicado, para que una persona pueda entrar en el área de la luz, debe salir del mundo de las tinieblas y actuar como un hijo de la Luz. Observemos de manera más específica lo que debemos hacer.

### Alcanzar la justicia de Dios con fe

Para que podamos entrar en el espacio de la luz, primero debemos arrepentirnos del pecado de no creer en Dios y luego debemos aceptar a Jesucristo. Cualquiera que reciba el perdón de los pecados al creer en Jesucristo estará calificado para entrar en el espacio de la luz. Romanos 3:22 enseña: *"...la justicia de Dios por medio de la fe en Jesucristo, para todos los que creen en él. Porque no hay diferencia"*.

Asimismo, en Juan 14:6 leemos: *"Jesús le dijo: Yo soy el camino, y la verdad, y la vida; nadie viene al Padre, sino por mí"*. Y en Romanos 10:9 podemos ver: *"que si confesares con tu boca que Jesús es el Señor, y creyeres en tu corazón que Dios le levantó de los muertos, serás salvo"*.

Si confesamos con nuestra boca que Jesús es el Señor y creemos con el corazón que Dios le levantó de los muertos, significa que creemos en la Providencia de la cruz y el poder de la Resurrección. Es decir, creemos que Jesús murió en la cruz en nuestro lugar; siendo pecadores, estábamos destinados a recibir castigo eterno por causa del pecado, mas Él derramó Su sangre preciosa para redimirnos de todos nuestros pecados.

Si en verdad creemos en esto, confesaremos nuestros pecados y tomaremos la decisión de vivir en la luz con gratitud por el sufrimiento del Señor por nosotros. Dios lava los pecados de la gente con la sangre del Señor y les da el don del Espíritu Santo, los reconoce como Sus hijos y escribe sus nombres en el Libro de la Vida (Apocalipsis 20:15, 21:27). Esta es la manera en la que podemos disfrutar de la vida eterna en el Cielo, que es un espacio de la luz, al reconocer que no hemos vivido de acuerdo a la Palabra de Dios, alejarnos del pecado y caminar en la luz.

### Tener comunión con Dios quien es luz

1 Juan 1:6-7 dice: *"Si decimos que tenemos comunión con él, y andamos en tinieblas, mentimos, y no practicamos la verdad; pero si andamos en luz, como él está en luz, tenemos comunión unos con otros, y la sangre de Jesucristo su Hijo nos limpia de todo pecado"*. Una vez que aceptamos a Jesucristo y

recibimos el don del Espíritu Santo, debemos aprender y poner en práctica la Palabra de Dios que es la verdad para poder ser considerados como hijos que tienen comunión con Dios.

En 1 Juan 2:3 leemos: *"Y en esto sabemos que nosotros le conocemos, si guardamos sus mandamientos"*, y en 1 Juan 3:23 se nos enseña: *"Y este es su mandamiento: Que creamos en el nombre de su Hijo Jesucristo, y nos amemos unos a otros como nos lo ha mandado"*.

Debemos alejar no solo los pecados cometidos con acciones sino también la maldad del corazón en obediencia a la Palabra de Dios que nos dice lo que no debemos hacer y desechar. Asimismo, con diligencia debemos poner en práctica la Palabra de Dios que nos dice que nos regocijemos, que seamos agradecidos, que amemos, nos humillemos y sirvamos a los demás y que guardemos los mandamientos. De este modo podemos cultivar el corazón del Señor con la gracia y fortaleza de Dios y la ayuda del Espíritu Santo.

Nuestra morada celestial será diferente de acuerdo a la medida en la que nos santifiquemos y a cuánta luz emanamos al convertirnos en buenas personas espirituales a través de la comunión con Dios quien es la Luz. Por consiguiente, aunque hemos recibido salvación y obtenido las cualidades para entrar al espacio de luz, continuamente debemos apoderarnos del reino celestial por la fuerza hasta que alcancemos el mayor objetivo, que es la Nueva Jerusalén.

Existen ciertas medidas por medio de las cuales podemos examinar la extensión hasta la que hemos llegado a ser hijos de la Luz. Estas son: el amor espiritual descrito en 1 Corintios 13, los nueves frutos del Espíritu Santo registrados en Gálatas 5, las Bienaventuranzas mencionadas en Mateo 5 y los Frutos de la Luz que se enumeran en Efesios 5. Examinemos ahora los requisitos para entrar al espacio de luz, enfocándonos en los frutos de la Luz.

### Practicar la bondad con un corazón de espíritu

Efesios 5:9 dice: *"...el fruto del Espíritu es en toda bondad, justicia y verdad"*.

La bondad implica tener un corazón hermoso que no tiene maldad sino únicamente las características de la bondad: hacer buenas obras para los necesitados, no hacer mal a los demás, obedecer la Palabra de Dios y esforzarse en todo encargo recibido porque se conoce a Dios el Creador como se conoce la gracia de los padres.

En el mundo la gente dice que uno es bueno si no se reacciona ante la maldad con maldad, sino que la soporta. Pero si todavía siente incomodidad u odio en su mente, ¿se lo podrá considerar como alguien realmente bueno? La bondad de los hombres y la de Dios son muy distintas. El primer nivel de bondad que Dios reconoce es el de no devolver mal por mal ni tener sentimientos incómodos en absoluto.

Este fue el caso de José, el esposo de la virgen María. En

Mateo 1:19 aprendemos: *"José su marido, como era justo, y no quería infamarla, quiso dejarla secretamente"*. Cuán miserable debe haberse sentido José al enterarse de que su prometida, María, estaba embarazada sin haber estado con él. Por lo general la gente sufre mucho en el corazón o tiene discusiones, pero José no tenía maldad en su corazón, así que simplemente quiso dejarla en secreto.

El segundo nivel de bondad se da cuando alguien actúa con mal hacia nosotros, pero nosotros no tenemos sentimientos adversos en absoluto y podemos conmover su corazón con palabras y obras de bien. El enemigo diablo y Satanás no puede hacerle nada a la persona que ha alcanzado este nivel de bondad.

David, aunque no tenía culpa alguna, fue perseguido por el rey Saúl durante un largo tiempo, y cierto día se encontró ante la oportunidad perfecta para matar al rey. David había ido a las batallas y había obtenido la victoria para su país, pero Saúl ni siquiera le agradeció porque sentía celos de él; al contrario, lo persiguió con su ejército e intentó matarlo.

Un día Saúl entró a una cueva en la que David estaba escondido. Él podría haberlo matado, pero tan solo cortó la orilla de su manto. Más tarde, cuando Saúl abandonó la cueva, David salió tras él y le dijo: *"...mira, padre mío, mira la orilla de tu manto en mi mano; porque yo corté la orilla de tu manto, y no te maté. Conoce, pues, y ve que no hay mal ni traición en mi mano, ni he pecado contra ti; sin embargo, tú andas a caza de mi vida para quitármela"* (1 Samuel 24:11).

David salió tras Saúl quien lo buscaba para matarlo, lo llamó diciendo 'padre mío' y con sinceridad se humilló a sí mismo. Él en verdad deseaba consolar el corazón de Saúl al decir que era semejante a un perro o una pulga, y no tenía intención alguna de matar a Saúl, quien era muy malo, pero cuando escuchó esa confesión proveniente de la bondad, se conmovió y derramó sus lágrimas. 1 Samuel 24:16-17 expresa: *"¿No es esta la voz tuya, hijo mío David? Y alzó Saúl su voz y lloró, y dijo a David: Más justo eres tú que yo, que me has pagado con bien, habiéndote yo pagado con mal"*.

Se conmovió mucho y regresó a su casa. Si devolvemos el mal con bondad en lugar de hacerlo con el mal, Satanás no podrá obrar más y aun las personas malas serán conmovidas. Claro está que Saúl era tan malo que su maldad volvió a presentarse más adelante, pero por lo menos en ese momento, las tinieblas se alejaron gracias a la luz de la bondad de David y Saúl se alejó.

Sin embargo, existe un nivel de bondad aun mayor al de simplemente conmover el corazón de los demás. Es el de amar a nuestros enemigos y dar nuestras vidas incluso por aquellos que nos hacen mal. Es la bondad de Dios quien envió a Su Hijo unigénito, y la bondad de Jesucristo, quien dio Su vida por toda la humanidad a pesar de ser el santo Hijo de Dios.

Podemos sentir este nivel de bondad a través de Moisés y Pablo también. Cuando Dios estaba a punto de destruir a todo el pueblo de Israel por causa de sus pecados, Moisés oró que fueran salvos aunque significara que su nombre fuera borrado del Libro de la Vida (Éxodo 32:32). El apóstol Pablo confesó: *"Porque deseara yo mismo ser anatema, separado de Cristo, por amor a mis hermanos, los que son mis parientes según la carne"* (Romanos 9:3).

Esteban murió como mártir al ser apedreado mientras predicaba el evangelio, pero no guardó ningún resentimiento a pesar de que fue apedreado sin tener falta alguna. Más bien, cayendo de rodillas, clamó en voz alta: *"Señor, no les tomes en cuenta este pecado"* (Hechos 7:60).

Hoy las personas piensan que únicamente sufrirán pérdidas y que serán tratadas como necias si son honestas o amables con los demás. Sin embargo, Dios es bondad en Sí y Él nos protege con Sus ojos ardientes, con los poderosos muros del Espíritu Santo y con huestes celestiales y ángeles cuando vamos en pos de la bondad. Así, las persecuciones y pruebas se alejan, y aunque regresen, las superaremos con bondad. Esto provocará mayor bendiciones y prosperidad sobre nosotros en todo.

Claro está que a veces debemos sacrificarnos y dedicar nuestros esfuerzos para ir tras la verdad. Pero aquellos que son buenos no consideran estas cosas como algo difícil, sino que encuentran la práctica de la bondad como algo que llena de gozo. La fortaleza espiritual implica estar libres de pecado; nuestra luz espiritual se fortalecerá en la medida en que nos abstenemos del mal y cultivamos la bondad. Una vez que alcancemos el nivel de la bondad que Dios reconoce, el maligno no podrá tocarnos por causa de nuestra luz y podremos destruir los planes del enemigo diablo y Satanás (1 Juan 5:18).

## Producir el fruto de la rectitud con fe

El segundo fruto de la Luz es la rectitud. Por lo general, la rectitud implica trabajar por la causa correcta con nuestra vida misma y sin buscar el beneficio propio. No obstante, la rectitud en la verdad consiste en alejar el pecado, guardar los mandamientos de la Biblia y buscar el reino de Dios y Su justicia en acuerdo a Su voluntad. Daniel es uno de los mejores ejemplos de gran rectitud.

Daniel era parte de una familia real de la tribu de Judá. Él fue tomado cautivo en el año 605 a. C. cuando el reino del sur de Judá fue invadido por el rey Nabucodonosor de Babilonia. Cuando Babilonia estaba reclutando hombres talentosos de otras razas, Daniel fue elegido junto con sus tres amigos y trabajó como alto funcionario de Babilonia durante mucho tiempo. Aunque era un cautivo, tenía una buena posición en Babilonia y además era reconocido como un verdadero profeta de Dios. Esto se debió a que él confiaba por completo en Dios y guardaba su fe.

Cuando fue inicialmente al rey de Babilonia, era un hombre joven; tuvo que ser capacitado por tres años y estaba sujeto a la aceptación de la comida que el rey ofrecía. Sin embargo, tuvo temor de que la comida para escoger pudiera haber incluido alimentos detestables prohibidos por Dios, y él no quiso tomarlos. En realidad no tenía otra opción ya que era un cautivo, pero aun así aborreció y rechazó lo que Dios aborrecía.

Para poder guardar su fe en Dios y no contaminarse, le preguntó al capataz si le permitía, junto con sus tres amigos, comer únicamente vegetales en lugar de la comida ofrecida por el rey. Él sugirió que comería solo vegetales y bebería solo agua durante diez días a manera de prueba. Al cabo de diez días, cuando el capataz comparó a Daniel y sus amigos frente a los demás jóvenes, pudo ver que la apariencia de ellos era mejor que la de los demás.

Dios observó su fe y les dio bendiciones sorprendentes. En Daniel 1:17 leemos: *"A estos cuatro muchachos Dios les dio conocimiento e inteligencia en todas las letras y ciencias; y Daniel tuvo entendimiento en toda visión y sueños"*. Más adelante, en el verso 20, dice: *"En todo asunto de sabiduría e inteligencia que el rey le consultó, lo halló diez veces mejor que todos los magos y astrólogos que había en todo su reino"*.

Babilonia fue destruida por Media y Persia en el año 539 a. C. durante el reinado del rey Belsasar, hijo del rey Nabucodonosor. Una nueva nación, el Imperio Persa, reemplazó a Babilonia. El rey Darío de Persia deseaba designar a Daniel como ministro para que gobernara todo el país ya que él poseía un espíritu extraordinario. Daniel era un cautivo, pero aun cuando las naciones y reyes cambiaron, él fue casi siempre favorecido.

Otros ministros y líderes sentían celos de él e intentaron hallar una manera de acusarlo (Daniel 6:4-5), pero no lograron hallar ninguna falta en él, así que sugirieron una nueva ordenanza al rey. Pretendían hacerlo en apoyo al rey, y resolvieron que cualquiera que en el espacio de treinta días demande petición de cualquier dios u hombre fuera del rey, sea echado en el foso de los leones. Esta fue una trampa pensada específicamente para Daniel, sabiendo que él oraba tres veces al día con las ventanas abiertas dando hacia Jerusalén.

Al enterarse de esto, Daniel continuó orando de rodillas, tres veces al día (Daniel 6:10). Él podría haber cedido para mantener su fama y poder o tan solo para evitar la muerte, pero confió en Dios por completo. Eventualmente fue lanzado al foso de los leones por quebrantar el edicto, pero no tenía ningún resentimiento contra el rey sino que lo bendijo diciendo: "¡Rey Darío, para siempre vive!" Él practicaba la justicia sin importar cuán difícil fuera la situación.

No tenía ninguna falta ante Dios y los hombres, razón por la que el enemigo diablo y Satanás no podía hacerle daño con ningún tipo de trama. Dios envió su ángel para que lo protegiera, y salió del foso vivo y glorificando a Dios. El tipo de rectitud que Dios desea de nosotros implica guardar nuestra fe y no dar el brazo a torcer ni siquiera ante la muerte así como ir en pos de la bondad con verdad sin importar la reacción de los demás hacia nosotros.

## Producir el fruto de la veracidad con obras

El tercer fruto de la Luz es la veracidad. La veracidad debe ser inmutable; también es pureza, honestidad e inocencia sin falsedad, astucia y picardía alguna. Aunque usted diligentemente haga obras buenas y confiese su fe, no será reconocida como un fruto verdadero de la Luz por parte de Dios mientras se encuentre haciéndolo para jactarse ante los demás. En otras palabras, lo que

Dios anhela de nosotros es la verdadera confesión de fe, obras de verdad y veracidad inmutable que procede del corazón.

En Génesis 22 podemos ver cómo obedeció Abraham la Palabra de Dios cuando Él le dijo que sacrificara a su hijo único en holocausto. Temprano en la mañana envió a Isaac a la tierra que Dios había designado. No dudó en absoluto ni tuvo ningún conflicto en su mente por usar sus propios pensamientos. El momento que estaba a punto de ofrecer a Isaac en holocausto, el ángel de Dios se apareció ante él y le dijo que no tocara al muchacho. Dios dijo: *"...porque ya conozco que temes a Dios"* (Génesis 22:12).

En Hebreos 11:19 leemos: *"Pensando que Dios es poderoso para levantar aun de entre los muertos, de donde, en sentido figurado, también le volvió a recibir"*. Abraham engendró a Isaac su hijo por el poder de Dios por medio de Sara, que ya había pasado la edad de concebir y tener hijos. Por tanto, él creía que Dios reviviría a Isaac luego de ofrecerlo en holocausto. Podemos ver la firme confianza entre Dios y Abraham a través de este evento.

En muchas ocasiones podemos ver cuán veraz era Abraham. Cuando él llegó a Betel con su sobrino Lot, el número de ovejas y de ganado era tan grande que sus pastores tenían a menudo disputas. En este caso, Abraham cedió ante su sobrino, diciendo: *"¿No está toda la tierra delante de ti? Yo te ruego que te apartes de mí. Si fueres a la mano izquierda, yo iré a la derecha; y si tú a la derecha, yo iré a la izquierda"* (Génesis 13:9).

Lot se fue hacia los campos del Jordán que tenían suficiente agua, buscando su propio bien, y llegó hasta Sodoma, ciudad que fue atacada y muchos fueron tomados cautivos. Al escuchar esta noticia, Abraham guió a sus hombres y llevó a Lot y su gente de regreso a Sodoma. El rey de Sodoma le ofreció tesoros, pero él se rehusó a tomar alguno de ellos (Génesis 14:15-23).

Cuando Sodoma y Gomorra fueron destruidas por el fuego del Cielo, Lot y sus dos hijas fueron salvos gracias a las oraciones de Abraham (Génesis 18). Asimismo, cuando Abraham compró la tumba de su esposa Sara, los hititas le ofrecieron su tierra y la cueva de Macpela, pero él compró todo con un precio justo (Génesis 23:16). Él tenía muchos hijos de su segunda esposa, y mientras estaba vivo les dio a todos un obsequio para que no tuvieran conflictos más adelante. En todo esto podemos ver la veracidad de Abraham.

Santiago 2:23-24 nos dice: *"...Abraham creyó a Dios, y le fue contado por justicia, y fue llamado amigo de Dios. Vosotros veis, pues, que el hombre es justificado por las obras, y no solamente por la fe"*. Dios es la veracidad en Sí y Él bendijo a Abraham por sus obras de fe. Abraham llegó a habitar cerca del trono de Dios en el brillo del espacio de la luz en calidad de amigo de Dios.

## Los frutos de la luz nos conducen al espacio de la Luz

Para que las buenas obras sean consideradas como frutos de la Luz, estos deben contener rectitud, que es la rectitud de Dios. No obstante, tener solo bondad y rectitud no es suficiente. En estas virtudes, debe haber también veracidad. Por ende, podemos producir el fruto de la Luz únicamente cuando tenemos toda la bondad, rectitud y veracidad.

Ahora, para que podamos producir el fruto de la Luz completamente, necesitamos pasar por el proceso de salir de las tinieblas para entrar a la luz, por medio de reprensiones. Es como está escrito en Efesios 5:11-13, que dice: *"Y no participéis en las obras infructuosas de las tinieblas, sino más bien reprendedlas; porque vergonzoso es aun hablar de lo que ellos hacen en secreto. Mas todas las cosas, cuando son puestas en evidencia por la luz, son hechas manifiestas; porque la luz es lo que manifiesta todo"*.

En este caso, al hablar de 'reprender las obras infructuosas', no se refiere a increparlas sino que se trata de un reproche para hacer que uno salga de las tinieblas a la luz. En algunas ocasiones, cuando los miembros de la iglesia están en situaciones difíciles por causa de sus pecados, en lugar de tratar de consolarlos les hago entender por qué enfrentan pruebas o tribulaciones. Los reprendo por no vivir en la verdad, pero aunque nadie nos reprenda, es importante que nos reprendamos a nosotros mismos de acuerdo a la Palabra de Dios cuando hemos hecho algo malo.

Cuando Dios revela y señala cada uno de nuestros pecados y maldad, es porque Él nos ama. El Dios de amor desea que Sus hijos habiten en la luz perfecta de Dios para que reciban bendiciones en este mundo y, es más, habitarán en un espacio de luz más resplandeciente en el reino eterno de los Cielos en el futuro. Por esto, debemos abstenernos de todo aquello que pertenezca a las tinieblas y cultivar la santidad y la perfección para que podamos asemejarnos a Dios quien es Luz (Mateo 5:48; 1 Pedro 1:16).

Desde el momento que el apóstol Pablo tuvo un encuentro con el Señor en su camino a Damasco, él se hizo obediente a Cristo y predicó el evangelio a innumerables gentiles. Él dijo: *"Os aseguro, hermanos, por la gloria que de vosotros tengo en nuestro Señor Jesucristo, que cada día muero"* (1 Corintios 15:31).

Si nosotros nos abstenemos por completo de los pensamientos carnales que son hostiles hacia Dios y morimos en el Señor diariamente, y si tenemos solo pensamientos como: "¿Cómo puedo alcanzar el reino de Dios y Su justicia? ¿Cómo puedo santificar mi corazón por completo? ¿Cómo puedo guiar más almas al Cielo?", entonces podremos disfrutar de paz verdadera y produciremos los frutos de la Luz en abundancia.

El fruto de la Luz no se trata tan solo de la bondad, rectitud y veracidad, sino también de todos los tipos de frutos que producimos al tener comunión con Dios y tener el corazón de Jesucristo, lo que incluye amor espiritual, los frutos de las

Bienaventuranzas y el fruto del Espíritu Santo. Todos estos frutos se deben producir a plenitud en nosotros para que podamos ir a la Nueva Jerusalén. Si algunos frutos están maduros por completo mientras otros no lo están, no cumpliremos los requisitos para entrar a la Nueva Jerusalén. Yo anhelo que usted practique con diligencia la Palabra de Dios y que cumpla con los requerimientos para entrar a la parte más resplandeciente del espacio de la luz.

# Parte 2

# Espíritu, alma y cuerpo en el espacio espiritual

Criterios de clasificación de las moradas celestiales

La gloria que se recibirá en el espacio espiritual

"He aquí, os digo un misterio:
No todos dormiremos; pero todos seremos transformados,
en un momento, en un abrir y cerrar de ojos,
a la final trompeta; porque se tocará la trompeta,
y los muertos serán resucitados incorruptibles,
y nosotros seremos transformados.
Porque es necesario que esto corruptible se vista de incorrupción,
y esto mortal se vista de inmortalidad"
- 1 Corintios 15:51-53

## Capítulo 1
# Las diferentes moradas

La morada que recibiremos dependerá
de la medida en la que nos asemejemos a Dios
y vivamos según Su voluntad.
El reino celestial tiene distintas moradas;
mientras mejor sea la morada celestial,
mayor será el honor y la felicidad que ahí disfrutaremos.

El Cielo tiene muchas moradas

El Cielo sufre violencia

La razón por la que las moradas celestiales se clasifican

El Paraíso: morada celestial para aquellos que apenas alcanzan salvación

La Nueva Jerusalén: morada celestial para las personas de Espíritu Completo

Los hombres tienen la tendencia a creer en algo únicamente si lo pueden ver y examinar con sus propios ojos. Pero hay muchas cosas que en realidad el hombre no puede examinar con sus ojos. Por ejemplo: los vientos y el aroma de las flores no se pueden ver, pero existen. Hay también un reino espiritual que está en un nivel superior de dimensión que la visible, el mundo físico. No es correcto negar el reino espiritual únicamente porque no es visible.

En el vasto espacio espiritual, el reino de los cielos está ubicado en el tercer reino. El tercer reino es un espacio ilimitado de luz y tiene muchas moradas distintas, desde el Paraíso hasta la Nueva Jerusalén. La morada celestial que se otorgará a cada uno de los que han sido salvos dependerá de la medida en que la persona haya alcanzado la santificación y haya vivido según la voluntad de Dios con fe. De acuerdo a la medida en que lleguemos a ser el tipo de personas que Dios desea en esta vida, recibiremos una gloria distinta como individuos que corresponden al Cielo.

Es por eso que en 1 Corintios 15:40-41 leemos: *"Y hay cuerpos celestiales, y cuerpos terrenales; pero una es la gloria de los celestiales, y otra la de los terrenales. Una es la*

63

*gloria del sol, otra la gloria de la luna, y otra la gloria de las estrellas, pues una estrella es diferente de otra en gloria".*

## La gloria individual en el Cielo

Una de las características originales de Dios es la santidad. La Biblia habla acerca de la santidad porque Dios desea que el hombre creado a Su imagen tenga Su santidad. Levítico 20:26 dice: *"Habéis, pues, de serme santos, porque yo Jehová soy santo, y os he apartado de los pueblos para que seáis míos".* 1 Pedro 1:16 dice: *"...porque escrito está: Sed santos, porque yo soy santo".*

Por consiguiente, los que viven según la voluntad del Santo Dios son los que corresponden al Cielo y los que disfrutarán de la gloria celestial en el reino eterno. Por otro lado, los que viven en pecado y maldad, lo que está en contra de la voluntad de Dios, son los que corresponden a la tierra y que consecuentemente irán al Infierno.

Los que corresponden a la Tierra no son solo los que no aceptan a Jesucristo ni creen en Dios, Pues en Mateo 7:21, Jesús nos dice: *"No todo el que me dice: Señor, Señor, entrará en el reino de los cielos, sino el que hace la voluntad de mi Padre que está en los cielos".* Aunque repitamos 'Señor, Señor' y digamos que creemos en Él, seremos parte de los que pertenecen al mundo si no ponemos en práctica la voluntad de Dios.

¿Qué debemos hacer para entrar en el reino celestial y disfrutar de la gloria del sol como personas que pertenecen al

Cielo? En Hebreos 12:4 vemos que durante nuestra vida en esta Tierra, debemos batallar contra el pecado y abstenernos de él 'al punto de derramar sangre'. Asimismo, en 1 Tesalonicenses 5:22 dice que debemos alcanzar la santidad despojándonos de toda forma de maldad y llenándonos del Espíritu. La luz del sol es distinta a la luz de la luna y a la luz que emanan las estrellas, y de igual manera, la gloria de las personas que corresponden al Cielo será diferente.

En Isaías 60:1 leemos lo siguiente: *"Levántate, resplandece; porque ha venido tu luz, y la gloria de Jehová ha nacido sobre ti"*. Luego de aceptar a Jesucristo quien vino como la Luz del mundo, llegamos a emanar luces espirituales en la medida en que actuemos de acuerdo a la Palabra de Dios. En calidad de personas que pertenecemos al Cielo, debemos emanar la luz tan resplandeciente como la luz del sol al mediodía para que podamos alejar el poder de las tinieblas, llevar almas al camino de salvación y glorificar a Dios.

## El Cielo tiene muchas moradas

Jesús tuvo la Última Cena junto a Sus discípulos en el aposento alto de la casa de Marcos justo antes de Su muerte. Durante este evento, Él les recordó acerca de la existencia del Reino de los Cielos para que pudieran tener esperanza por él.

En Juan 14:2-3, Jesús dijo: *"En la casa de mi Padre muchas moradas hay; si así no fuera, yo os lo hubiera dicho; voy, pues, a preparar lugar para vosotros. Y si me fuere y os preparare lugar, vendré otra vez, y os tomaré a mí mismo, para que donde yo estoy, vosotros también estéis".*

Jesús resucitó al tercer día después de haber sido crucificado y ascendió a los Cielos ante los ojos de muchas personas; Él fue a preparar las moradas en el Cielo donde los hijos de Dios habitarán por siempre. Cuando dijo que "en la casa de mi Padre muchas moradas hay", expresó su deseo de que todos los hombres sean salvos (1 Timoteo 2:4).

El Cielo es un lugar espiritual que fue creado incluso antes de que Dios la Trinidad creara la Tierra; es un espacio infinito cuya profundidad, espesor, densidad y volumen no se pueden medir con la mente humana. Este contiene el trono de Dios, innumerables seres espirituales y los hogares en los que los hijos de Dios morarán por siempre. En el centro del Reino de los Cielos está la Nueva Jerusalén, que es la morada más gloriosa en los Cielos.

Las luces espirituales que fluyen del trono de Dios y el río de agua de vida hacen que los hijos de Dios se sientan felices y más honrados. Dios otorgará una morada adecuada a cada uno de nosotros y nos recompensará de acuerdo al tipo de fe que hemos tenido y a cuánto lo hemos glorificado en este mundo.

La ciudad de la Nueva Jerusalén está ubicada en la cúspide del Tercer Cielo y 'debajo' de ella se encuentran el Tercero, Segundo y Primer Reino de los Cielos, al igual que el Paraíso. Sin embargo, esto no significa que se disponen en pisos como un edificio en esta tierra, con uno literalmente encima de otro, sino que todas las moradas en el Cielo son horizontales y al mismo tiempo verticales, con altura distinta.

## El Cielo sufre violencia

Mateo 11:12 dice: *"Desde los días de Juan el Bautista hasta ahora, el reino de los cielos sufre violencia, y los violentos lo arrebatan"*. El Cielo es un lugar hermoso y pacífico. Entonces, ¿por qué dice el verso que sufre violencia y que los violentos lo arrebatan?

Significa que aquellos que tienen mayor esperanza por el reino celestial llevarán una vida de fe diligente y se esforzarán por entrar a la Nueva Jerusalén. Para referirse a esta vida diligente, el verso usa la expresión 'los violentos lo arrebatan'.

Ahora, ¿contra quién deben ser violentos? Son violentos contra el enemigo diablo y Satanás e instigan al hombre a cometer pecados. Para poder ir al Cielo, debemos pelear con las tinieblas y vencerlas. Para causar que el hombre caiga, el enemigo Satanás estimula la naturaleza pecaminosa en el hombre y causa que cometa pecados. En este caso, los que en realidad anhelan el reino de los Cielos vencerán esto con la Palabra de Dios.

Podemos arrebatar la ciudad de la Nueva Jerusalén violentamente en la medida en que lleguemos a ser hijos santos de Dios gracias a la Palabra de Dios y a la oración (1 Timoteo 4:5). Desde 2 Corintios 12:1 en adelante vemos que el apóstol Pablo fue al Paraíso, que está en el Tercer Cielo, y aprendió los grandes secretos del Reino de los Cielos. Desde ese tiempo él siguió peleando la buena batalla hasta el día que se convirtió en mártir; arrebató la Nueva Jerusalén con violencia, fijando su mirada en la corona de la justicia que Dios había preparado para él.

En Apocalipsis 19:7-8 leemos: *"Gocémonos y alegrémonos y démosle gloria; porque han llegado las bodas del Cordero, y su esposa se ha preparado. Y a ella se le ha concedido que se vista de lino fino, limpio y resplandeciente; porque el lino fino es las acciones justas de los santos"*. Más adelante, en Apocalipsis 22:14, leemos también: *"Bienaventurados los que lavan sus ropas, para tener derecho al árbol de la vida, y para entrar por las puertas en la ciudad"*.

En este caso, al hablar de 'ropas' y 'lino fino' se refiere al corazón y obras de los hombres; podremos pasar por las puertas de la ciudad santa únicamente cuando purifiquemos nuestro corazón y obras. Ya que se usa el término 'puertas' (en plural), podemos entender que hay muchas puertas. Para que nosotros podamos entrar en la Nueva Jerusalén, primero debemos entrar por la puerta de la salvación y adquirir las calificaciones para entrar al Paraíso. Luego debemos pasar por las puertas del Primero, Segundo y Tercer Reino de los Cielos. Por último, debemos pasar por las puertas de perla de la Nueva Jerusalén.

Esta es la razón por la que dice 'puertas' y en base a este pasaje podemos aprender que no todos los salvos recibirán la misma gloria en el Cielo. El hecho de conocer acerca de este Reino celestial debe ser algo por lo cual estar muy agradecidos y debemos esforzarnos para ser violentos que lo arrebatan.

## La razón por la que las moradas celestiales se clasifican

Los que han aceptado a Jesucristo pero no han circuncidado su corazón y por ende no han alejado la maldad, tienen una luz espiritual que es muy débil. Por el contrario, los que han alejado toda forma de maldad y se han santificado, tienen una luz espiritual muy fuerte. Como dije antes, cada creyente tiene un resplandor distinto de su luz espiritual; mientras ellos más practiquen la Palabra de Dios y se abstengan del pecado, la luz que emana de su ser será más brillante y hermosa. Los que se han santificado por completo tienen una luz tan intensa que los que no lo han hecho ni siquiera pueden mirarlos directamente a los ojos.

Si pensamos únicamente con el sentido común del hombre, fácilmente podremos entender que es difícil para aquellos que tienen una fuerte luz espiritual mezclarse y vivir junto a los que no la tienen. Incluso en este mundo, es más cómodo para los niños reunirse con niños, los adolescentes con otros adolescentes y los adultos con adultos maduros. Los niños y los adultos en realidad no pueden convertirse en amigos porque los mundos en los que viven son distintos y su inteligencia y manera de pensar son significativamente diferentes.

De igual manera, los que tienen resplandor similar de su

luz espiritual morarán en el mismo lugar. ¿Qué pasaría si todos llegaran a vivir en un mismo espacio en el eterno Reino de los Cielos? Los que se han santificado comprenderán el corazón de unos a otros y no tendrán ningún inconveniente, pero los que no se han santificado no lograrán entenderse. Por esta razón, Dios clasificó las muchas moradas distintas para que la gente con magnitud similar de resplandor espiritual pudieran habitar cómodamente juntos.

En Apocalipsis 21:23 aprendemos: *"La ciudad no tiene necesidad de sol ni de luna que brillen en ella; porque la gloria de Dios la ilumina, y el Cordero es su lumbrera"*. Entre las muchas moradas celestiales, la Nueva Jerusalén es el cristaloide del Cultivo de la humanidad planificado por Dios, es el lugar en el que Él puede compartir amor con Sus hijos por siempre. Dios ha preparado el Tercero, Segundo y Primer Reino de los Cielos así como el Paraíso para aquellos que no cultivan por completo un corazón de la verdad y que no están calificados para entrar en la Nueva Jerusalén.

Observemos ahora algunas de las características de cada morada, desde el Paraíso hasta la santa ciudad de la Nueva Jerusalén. También observaremos qué tipo de personas entrarán en cada lugar.

## El Paraíso: morada celestial para aquellos que apenas alcanzan salvación

Dios envió a Jesús a este mundo por nosotros, los que íbamos en el camino de la muerte por causa del pecado. Jesús nos redimió de todos nuestros pecados a través de Su crucifixión. Si creemos que Él es el único camino a la salvación y lo aceptamos como nuestro Salvador personal, Dios nos dará el don del Espíritu Santo, y una vez que recibamos este don, nuestro espíritu que había estado muerto por causa del pecado de Adán, revivirá y recibiremos el derecho a llamar 'Padre nuestro' a Dios. Esto significa que nos convertimos en hijos de Dios, que nuestro nombre es inscrito en el Libro de la Vida y que se nos otorga ciudadanía en el reino celestial.

Sin embargo, una vez que nuestro espíritu muerto ha recobrado la vida, este no puede crecer si no ponemos en práctica la Palabra de Dios y nos abstenemos del pecado. Nuestro espíritu crece en la medida en que nos abstenemos del pecado, y lograremos entrar en la Nueva Jerusalén únicamente cuando hayamos recobrado por completo la semejanza de Dios al hacer que nuestro espíritu crezca a plenitud. Si nuestro espíritu no crece y escasamente recibimos salvación por tener fe muy pequeña como la semilla de mostaza, entonces iremos al Paraíso. Si nos referimos a los niveles de la fe, esta es la fe que está en el primer nivel, que es el nivel en el que se recibe una salvación vergonzosa.

El Paraíso es un lugar hecho con amor y compasión de Dios,

quien preparó este lugar para personas que son salvas pero no dignas de ser llamadas 'hijos de Dios'. Es un poco vergonzoso llamarlos hijos de Dios, pero Él no los puede enviar al Infierno tampoco. De hecho, el Paraíso dará cabida al mayor número de creyentes, más que cualquiera de las otras moradas. Este lugar es incluso más amplio que el universo del Primer Cielo. Las personas del Paraíso se sentirán agradecidas y vivirán felices por siempre por el solo hecho de no haber ido al Infierno sino de haber alcanzado salvación.

A pesar de que es la morada en el nivel más inferior del Cielo, no habrá lugar en la Tierra que tenga la belleza y magnificencia que se compare con él. En la amplia llanura que tiene una armonía perfecta de hermosas flores y árboles verdes, varios animales deambulan y todos ellos parecen encantadores.

En este mundo, los árboles y flores se marchitarán y morirán con el paso del tiempo, pero en el Paraíso los árboles estarán siempre verdes y las flores jamás se marchitarán. Cuando las personas se acerquen a ellas, se mecerán de un lado a otro o abrirán y cerrarán los brotes mientras emanan fragancias únicas y maravillosas, como si estuvieran dando la bienvenida a la gente. Habrá muchos tipos de frutos que son un poco más grandes que los de este mundo y tienen una aurora de resplandor. Las personas las comerán directamente del árbol porque no habrá polvo o insectos.

Podrán sentarse en el césped y tener conversaciones amistosas mientras se deleitan con las frutas. Estas personas no han hecho nada para el reino de Dios durante sus vidas terrenales, por lo que no reciben ninguna recompensa en el Cielo. Sin embargo, se sienten felices solo por el hecho de que no hay dolor, enfermedad, pesar o la muerte. En casos y ocasiones excepcionales, algunas de ellas podrán ser invitadas a eventos que se realizarán en la Nueva Jerusalén.

No obstante, habrá una gran diferencia de luz entre los que están en la Nueva Jerusalén y los del Paraíso, por lo que estos últimos por lo general no aceptarán las invitaciones porque sentirán vergüenza de ir. Pero cuando visiten el lugar, tendrán que seguir órdenes y tiempos específicos; se sentirán felices en extremo con solo visitar la gloriosa ciudad de la Nueva Jerusalén y será de gran gozo el compartir lo que han visto y vivido en la Nueva Jerusalén una vez que regresen al Paraíso.

Únicamente porque el Paraíso es la morada en el nivel más inferior del Cielo, no debemos subestimar su belleza y la felicidad en él. Aunque es un lugar para aquellos que vergonzosamente alcanzan salvación, seguirá siendo un lugar que no se puede comparar con cualquier lugar de este mundo por su belleza; es incluso más hermoso que el Huerto del Edén, el lugar donde vivieron Adán y Eva.

## Primer Reino de los Cielos

El Primer Reino de los Cielos es un lugar más hermoso y con mayor felicidad que el Paraíso; todo es ambientalmente más bello que en el Paraíso y es un lugar para aquellos que han aceptado a

Jesucristo, que han hecho que su espíritu muerto reviva y que se han esforzado por poner la Palabra de Dios en acción aunque no la practicaron por completo. Es decir, es el lugar para aquellos que se encuentran en el segundo nivel de fe dentro de lo que es el proceso de crecimiento de la fe.

En el Primer Reino de los Cielos reciben recompensas y una casa de acuerdo a lo que han hecho en este mundo. Las casas en este lugar son semejantes a los apartamentos de este mundo, pero son construidos de oro y piedras preciosas de acuerdo a los gustos de su dueño. En los edificios hay elevadores que funcionan por el poder de Dios; estos llevan al piso deseado sin la necesidad de presionar un botón.

Los que van al Primer Reino de los Cielos recibirán una corona incorruptible (1 Corintios 9:25). Es algo semejante a un premio de participación por haber conocido la Palabra de Dios pero no haberla puesto en práctica en este mundo. Conocían que debían abstenerse del pecado, pero dejaron de cometer muchos de sus pecados de comisión. Sin embargo, Dios considera su esfuerzo por intentar poner en práctica Su Palabra como su fe y les da galardones respectivamente.

En el Primer Reino de los Cielos hay también muchos jardines hermosos además de instalaciones recreacionales tales como parques con muchos árboles, parques de diversiones, lagos, senderos para caminar, piscinas, campos de golf, canchas de tenis, etc. No obstante, excepto por los sitios de vivienda y las coronas que son otorgadas de manera individual, todo lo demás es para uso público, algo similar a los parques e instalaciones deportivas de uso público que hay en los complejos de apartamentos.

Tampoco hay ángeles de servicio personales, aunque las personas podrán recibir dirección de los ángeles en todo lado. Esto es principalmente lo que diferencia este lugar del Paraíso. Por ejemplo: mientras hablan sentados en una banca, pueden pedir a un ángel que les provea algunas frutas para comer, pero en el Paraíso tendrán que obtener las frutas por sí mismos. De esta manera, hay una gran diferencia en la manera de vida de aquellos que están en el Paraíso y los que están en el Primer Reino de los Cielos. Los que están en el Primer Reino de los Cielos no se sienten celosos de aquellos que viven en las moradas de los niveles superiores. Cada individuo sentirá la mayor felicidad y satisfacción en cada morada.

### Segundo Reino de los Cielos

El Segundo Reino de los Cielos es incluso más resplandeciente y hermoso que el Primer Reino de los Cielos. Los edificios construidos con piedras preciosas son más espléndidos y preciosos. El número de los diversos tipos de animales y plantas es más variado que en el Paraíso y en el Primer Reino de los Cielos. Aun el mismo tipo de animal o planta es mucho más hermoso que en el Primer Reino. En el caso de los animales, la gracia física es más elegante y la belleza es más espléndida; los colores de las plumas y piel son más brillantes. Esto ocurre también con el aroma y los colores de las flores.

El Segundo Reino de los Cielos es para aquellos que practican la Palabra de Dios con acciones pero que no han alcanzado la santificación por completo, es decir, para aquellos que están en el tercer nivel de fe. Estos son los que se abstienen de todos los pecados cometidos con acciones, pero no han hecho lo mismo con los pecados cometidos con el pensamiento o con el corazón.

A estos se les dará una casa de una sola planta y tendrán una placa de identificación sobre la puerta. Estas casas serán mucho más preciosas y magníficas que cualquier mansión de este mundo. La recompensa más común aparte de la casa es la corona de gloria que se recibe por haber glorificado a Dios en este mundo hasta cierta medida (1 Pedro 5:4).

Además de la corona y la casa, los que van al Segundo Reino de los Cielos pueden tener algo por individual que haya sido su mayor deseo. Si desean tener una piscina, pueden tener una construida con bellas piedras preciosas. Si desean un lago, pueden tener uno. Si desean un salón de baile, pueden tener uno. Si les gusta caminar pueden tener senderos con muchas plantas y flores alrededor y muchos animales encantadores que se pasean en el lugar.

Ya que cada individuo tiene gustos diferentes, hay muchos tipos de instalaciones distintas para que puedan visitarse mutuamente y ver, además de usar juntos, las diversas áreas. En el Cielo todos se sirven unos a otros de modo que nadie se niega a recibir visitas en su casa sino que, al contrario, se alegran mucho de poder compartir lo que tienen. Los visitantes no buscan su propio beneficio tampoco, por lo que se visitan dentro de los límites de la amabilidad.

Los que están en el Segundo Reino de los Cielos no sienten pesar o celos de lo que tienen los demás por el hecho de tener tan solo una instalación, más bien se sienten agradecidos porque Dios les ha dado una recompensa que es mucho más de lo que hicieron en este mundo. Algo que guardan en su mente es el hecho de que no se santificaron por completo durante sus vidas en esta Tierra y se sentirán muy avergonzados por esto, por no haberse abstenido del mal, y por eso tampoco podrán levantar su rostro ante Dios.

## Tercer Reino de los Cielos

La diferencia entre la gloria entre el Segundo y el Tercer Reino de los Cielos es semejante a la diferencia entre los cielos y la tierra, la cual procede del hecho de si un individuo alcanzó la santificación o no. Los que están en el Tercer Reino de los Cielos están en el cuarto nivel de fe; han alcanzado la santidad de modo que pueden tener todo tipo de instalación que deseen a manera de recompensa. Pueden obtener campos de golf, piscinas y salones de baile, es decir, pueden tener cualquier cosa que deseen de modo que no tendrán que usar las instalaciones en casa de otra persona.

Las casas tendrán múltiples plantas y serán tan espléndidas y elegantes que ni siquiera los archimillonarios de este mundo lograron tener. Tendrán inmensos jardines llenos de flores y árboles fragantes que están bellamente decorados. Los peces de muchos tipos y colores nadarán en los lagos que irradian luces brillantes deslumbrantes. Claro está que estas casas serán inferiores a las de la Nueva Jerusalén en términos de tamaño, belleza y gloria. Hablando en términos de relación, si decimos que la tierra de la casa más pequeña en la Nueva Jerusalén es de 100 unidades, la de la casa más grande en el Tercer Reino de los Cielos será de sólo 60 unidades, lo que nos dice que Dios se deleita mucho con los que entran en la Nueva Jerusalén.

Las casas en el Tercer Reino de los Cielos emanan aroma y luces hermosas en la medida en que su dueño se asemeje a Dios. El factor común, tanto en las casas del Tercer Reino como en las de la Nueva Jerusalén, es que no tienen placas de identificación ya que las casas en sí emanan una fragancia única y brillo como de luces boreales que representa a su dueño, así que todos sabrán a quién pertenece la casa sin la placa de identificación. Esto se debe también a que entre todos los creyentes que van al reino celestial, hay relativamente pocos que irán al Tercer Reino de los Cielos o a la Nueva Jerusalén.

No se trata de las casas únicamente; incluso las mismas calles de oro son mucho más brillantes y más preciosas que las del Segundo Reino de los Cielos. Asimismo, ya que en el Tercer Reino se puede tener todas las instalaciones que se desea, también se recibirá muchos ángeles. En este lugar hay muchos ángeles de ayuda que administran las casas y los visitantes. Hasta el Segundo Reino no hay ángeles de servicio personales, pero en el Tercer Reino de los Cielos y en la Nueva Jerusalén los ángeles se asignan a todos los residentes del lugar. También existen los automóviles tipo nube para uso público y estos pueden viajar por el infinito reino celestial según su deseo.

A los residentes de este lugar se les dará la corona de vida, una recompensa básica por haber superado la prueba de entregar sus vidas por el Señor (Santiago 1:12). Los del Tercer Reino de los Cielos viven vidas muy gloriosas en comparación con las de aquellos en el Segundo Reino, pero incluso estos tienen algo que lamentar cuando ven la Nueva Jerusalén. Por lo tanto, es muy importante que agrademos a Dios siendo fieles en toda Su casa además de cultivar en nosotros la santidad.

## La Nueva Jerusalén: morada celestial para las personas de Espíritu Completo

En Apocalipsis 21:11, el apóstol Juan dijo lo siguiente respecto a la gloria de la Nueva Jerusalén: *"Y su fulgor era semejante al de una piedra preciosísima, como piedra de jaspe, diáfana como el cristal"*.

Toda la ciudad está rodeada por la gloria de Dios; las luces que provienen de la Nueva Jerusalén son magníficas y hermosas, tanto que no podremos evitar nuestra exclamación si las vemos. Es un lugar muy hermoso y magnífico, mucho más allá de nuestra imaginación, y se lo entrega a aquellos que han alcanzado la santidad por completo, a los que han sido fieles en toda la casa de Dios y han seguido Su voluntad con entendimiento del profundo corazón de Dios. Es decir, es una morada para aquellas personas de Espíritu Completo que han alcanzado el quinto nivel de fe.

La ciudad está rodeada por altos muros que emanan luces

resplandecientes y estos constituyen el límite entre el Tercer Reino de los Cielos y la Nueva Jerusalén. Las medidas de la ciudad son las mismas en anchura, altura y longitud; cada una de ellas es de 12 000 estadios (Apocalipsis 21:16). Un 'estadio' es una medida de distancia; 12 000 estadios equivalen aproximadamente a 2 400 km.

Si usted observa la Nueva Jerusalén de manera horizontal, es decir la longitud y anchura, el área de la ciudad es 58 veces el área de Corea del Sur. Sin embargo, este cálculo del área es solamente de doble dimensión. La Nueva Jerusalén tiene también 2 400 km de altura. Por consiguiente, no podemos comprender a plenitud el espacio en la Nueva Jerusalén solo con nuestro propio concepto de lo que es un área.

Cada uno de los cuatro lados de los muros de la ciudad tiene tres puertas de perlas, lo que da un total de doce puertas. Los cimientos del muro de la ciudad son doce tipos distintos de piedras preciosas. Cada puerta está resguardada por un ángel y las calles están hechas con oro puro que es semejante al cristal. Hay también muchas otras piedras preciosas aparte de los doce cimientos, algunas de las cuales son tan grandes que ni siquiera podemos imaginar su tamaño. Otras emiten capas dobles y triples de luces distintas.

El interior de la Nueva Jerusalén se puede dividir en el área de Dios Padre, el área del Señor y el área del Espíritu Santo. En el área del Padre están ubicadas las casas de los patriarcas de la fe que fueron activos en el Antiguo Testamento, incluyendo, entre otros, a Elías, Enoc, Moisés y Abraham. A la derecha y hacia abajo desde el trono de Dios está el área del Señor donde está ubicado Su castillo principal que tiene un techo de oro. Alrededor del castillo hay muchos edificios más de varios colores y formas, y en la proximidad más cercana están las casas de Sus discípulos Pedro, Juan y Santiago, y luego las de los demás discípulos.

A la izquierda y hacia abajo desde el trono de Dios está el área del Espíritu Santo que, de manera general, emite un sentimiento suave y cálido semejante al de una madre. En esta área están ubicadas las casas de aquellos que se han levantado como personas de Espíritu Completo durante la era del Espíritu Santo. Algunas de las casas ya están completas, mientras que otras se están decorando con gemas hermosas, y están casi completas. En algunas casas se está ensanchando su tierra porque su dueño aún está llevando más almas a la salvación en este mundo.

Las casas de la Nueva Jerusalén son tan grandes y espléndidas como los castillos gigantescos; se entregarán en la medida en que se haya alcanzado la mansedumbre en este mundo, y aquellos en la Nueva Jerusalén recibirán gran cantidad de tierra para sus casas porque han cultivado mucha mansedumbre. Cada casa tendrá todas las instalaciones que el propietario desee y fácilmente se podrá distinguir quién es el dueño porque estarán construidas de acuerdo a su fe, recompensas y gustos. La luz de la gloria de Dios y las piedras preciosas que decoran cada casa indicarán en qué medida su propietario ha cultivado la santidad y de qué manera agradó a Dios en este mundo. Las preciosas recompensas se entregarán en la medida en que se haya dejado de lado lo que es de agrado personal y lo que se desea para poder darse al Señor.

La corona de oro y la corona de justicia se entregarán básicamente a aquellos que entren en la Nueva Jerusalén. La corona de oro tiene muchos tipos de decoraciones y piedras preciosas. En Apocalipsis 4:4 leemos: *"Y alrededor del trono había veinticuatro tronos; y vi sentados en los tronos a veinticuatro ancianos, vestidos de ropas blancas, con coronas de oro en sus cabezas"*.

El oro de la corona es oro puro; no tiene ninguna otra sustancia en él y representa la fe verdadera que jamás cambia. Esta es un galardón por el hecho de que han alcanzado la medida de fe que agrada a Dios.

La corona de justicia se entregará a aquellos que han cultivado un corazón puro sin culpa y sin mancha y quienes han sido fieles al Reino de Dios (2 Timoteo 4:7-8). Aparte de las coronas de oro y de justicia, otros tipos de coronas se otorgarán a los que entren a la Nueva Jerusalén. Por cada ocasión en la que han glorificado a Dios en gran manera en este mundo, serán recompensados con una corona.

Aparte de esto, hay muchas cosas más que Dios ha preparado para nosotros en la Nueva Jerusalén respecto a las cuales Apocalipsis 21:2 dice: *"Y yo Juan vi la santa ciudad, la nueva Jerusalén, descender del cielo, de Dios, dispuesta como una esposa ataviada para su marido"*. Así como las novias se adornan a sí mismas de la manera más hermosa en el día de su boda, Dios ha preparado la santa ciudad, la Nueva Jerusalén como el lugar más precioso, cómodo, acogedor y lleno de felicidad entre las demás moradas celestiales.

Los varios colores provenientes de las piedras preciosas brillantes de cada casa, crearán una armonía perfecta de colores y algunas casas tendrán grandes lagos o bosques, una amplia pradera, jardines decorados de maneras maravillosas, instalaciones recreacionales, innumerables aves y animales hermosos. Tan solo con entrar a la Nueva Jerusalén se conmoverá el corazón de las personas; disfrutarán de felicidad por siempre con gloria y emoción que no se puede describir adecuadamente.

No muchos han entrado a la Nueva Jerusalén desde el inicio del Cultivo de la humanidad. Dios anhela que cada uno se convierta en Su hijo verdadero y que entre a la Nueva Jerusalén, pero hay muchas personas que apenas alcanzarán la salvación. Se sentirán siempre agradecidos por el hecho de no haber caído en el Infierno y de poder disfrutar de un verdadero descanso en el Paraíso.

La felicidad que se sentirá en el Paraíso no se podrá comparar en absoluto con la de la Nueva Jerusalén. También será muy distinta a la felicidad que sentirá en el Primer Reino de los Cielos. Hay muchas diferencias en el ambiente y otras condiciones de cada morada celestial de acuerdo a la justicia de Dios, y esto es en realidad por la amorosa consideración de Dios por nosotros. Él permitió que aquellos en niveles similares del espíritu vivieran juntos para que disfruten de la mayor libertad y felicidad en cada morada. De este modo, las personas viven en su respectiva morada celestial, y para ese tipo de vida tendrán el cuerpo espiritual adecuado para el espacio espiritual.

Capítulo 2

# Espíritu, alma y cuerpo
# en el espacio espiritual

Los dones de Dios se otorgarán en diferentes medidas de acuerdo
a la medida en la que hemos cultivado el espíritu,
el alma y el cuerpo que pertenece al espíritu mientras vivimos en este espacio físico.
Él nos da la gloria que disfrutamos en nuestra morada en el Cielo al igual
que nuestras vestiduras, coronas y otras decoraciones
de acuerdo a lo que hemos hecho.

1. Forma espiritual

2. El alma y el cuerpo pertenecientes al Espíritu

3. El regalo de parte de Dios

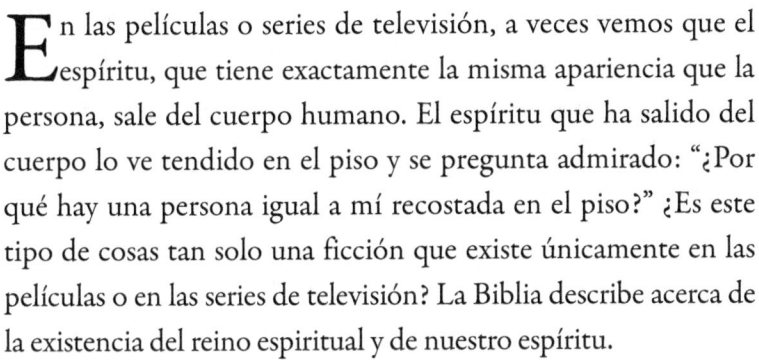

En las películas o series de televisión, a veces vemos que el espíritu, que tiene exactamente la misma apariencia que la persona, sale del cuerpo humano. El espíritu que ha salido del cuerpo lo ve tendido en el piso y se pregunta admirado: "¿Por qué hay una persona igual a mí recostada en el piso?" ¿Es este tipo de cosas tan solo una ficción que existe únicamente en las películas o en las series de televisión? La Biblia describe acerca de la existencia del reino espiritual y de nuestro espíritu.

Para que nosotros podamos luego llegar a vivir en el eterno Reino de los Cielos, debemos poseer espíritu, alma y cuerpo que pertenezcan al reino espiritual. Todas las personas nacen con un espíritu que está muerto debido al pecado de Adán, y como uno de los resultados de esto, vivimos siguiendo nuestra lascivia. Sin embargo, una vez que aceptamos a Jesucristo y recibimos el Espíritu Santo, nuestro espíritu muerto puede revivir y logramos convertirnos en verdaderos hijos de Dios que anhelan el reino espiritual.

Dios Creó a los seres humanos y ha estado cultivando a la humanidad al igual que un granjero que siembra la semilla en la tierra y luego la cultiva. Solo cuando llegamos a comprender Su

85

Providencia, podemos revivir nuestro espíritu muerto y hacer que nuestro espíritu, alma y cuerpo pertenezcan al espíritu. Nosotros podemos disfrutar en el eterno reino de los cielos teniendo un completo cuerpo celestial cuando tengamos el espíritu, alma y cuerpo que sean adecuados para vivir en el tercer cielo; el cual es el espacio de la luz.

¿Cuál será nuestra apariencia en el espacio de la luz? En esta Tierra, tenemos el espíritu, alma y cuerpo que son adecuados para el espacio físico, pero una vez que entramos al espacio espiritual, debemos poseer un espíritu, alma y cuerpo que sean apropiados para ese tipo de espacio.

## 1. Forma espiritual

La forma espiritual es la figura del espíritu. También puede ser considerado como un vaso que contiene el espíritu. Cada persona que es salva tiene una forma que pertenece al cielo, y la gloria de cada uno es diferente. La luz del cuerpo espiritual es diferente de acuerdo a la medida de santidad de cada uno. Tendremos un cuerpo resucitado y, luego de esto, tendremos un cuerpo celestial.

La forma es la figura de la sustancia. Cuando observamos a un águila volando en el cielo, podemos decir que es una águila ya que tiene una figura única. Los leones tienen forma de león y las águilas tienen la forma de un águila, por lo tanto podemos distinguirlos el uno del otro.

El cuerpo físico es la forma física que podemos percibir con nuestros ojos. En el caso de las personas, tenemos una forma que pertenece a este mundo, que es nuestro cuerpo físico, pero también podemos tener una forma espiritual que pertenece al Cielo.

1 Corintios 15:38-40 dice: *"Pero Dios le da el cuerpo como él quiso, y a cada semilla su propio cuerpo. No toda carne es la misma carne, sino que una carne es la de los hombres, otra carne la de las bestias, otra la de los peces, y otra la de las aves. Y hay cuerpos celestiales, y cuerpos terrenales; pero una es la gloria de los celestiales, y otra la de los terrenales".* Así como tenemos una forma visible que es nuestro cuerpo físico, el espíritu también tiene una forma. Podemos decir que la forma espiritual es el vaso que sostiene al espíritu en sí. Para

las personas, cuando la vida en este mundo llega a su fin, los contenidos del alma no se extinguen sino que permanecen en el cuerpo espiritual. Las luces del cuerpo espiritual son diferentes según el grado en que se ha practicado la verdad en este mundo. El cuerpo espiritual de cada persona es diferente, lo que significa que el cuerpo de una persona es distinto al de otra. Al ver la luz del cuerpo espiritual, incluso podemos decir qué morada celestial heredará cada persona si Dios la llama en este momento.

La forma espiritual no es una figura sombría, sino que es claramente sólida. A pesar de que parece que tiene peso, no hay peso y, sin embargo, mientras parece que no tiene peso, si tiene peso. Es como levantar un pañuelo de papel; parece que este no tiene peso alguno, pero en realidad si lo tiene. Pero esto no significa que el espíritu es tan débil que se deja llevar por el viento; es tan liviano que no se puede pesar, no obstante es estable.

## Forma espiritual de Adán

Adán fue el primer hombre que Dios creó. Delicadamente Dios hizo todas sus entrañas, huesos y toda la forma del hombre y fue un ser viviente, es decir, un espíritu vivo el momento que Dios sopló en su nariz el aliento de vida. El corazón de Adán comenzó a latir, su sangre comenzó a circular y todos sus órganos y células a funcionar. Fue una criatura hermosa que tenía carne y huesos que nunca envejecían ni tampoco perecían. Además, cuando Dios sopló el aliento de vida en él, el espíritu de Adán llegó a tener la misma forma que su cuerpo físico. Al igual que el cuerpo de Adán que tuvo forma, su espíritu también llegó a tener una forma que se asemejaba exactamente a la de su cuerpo físico. El espíritu de Adán que podía comunicarse con Dios y su alma que lograba ayudar al espíritu se encontraban contenidos en su cuerpo.

Adán pudo guardar la Palabra de Dios y comunicarse con Él porque su alma y cuerpo obedecían a su espíritu. Cuando él fue creado, su espíritu que estaba en su cuerpo espiritual era como una hoja de papel en blanco. Así que Dios lo llevó al Huerto del Edén y le enseñó el conocimiento espiritual. Y Dios le dijo a Adán: *"Mas del árbol de la ciencia del bien y del mal no comerás; porque el día que de él comieres, ciertamente morirás"* (Génesis 2:17).

Luego de pasar un período de tiempo en el Huerto del Edén, Adán comió del fruto prohibido que Eva le ofreció, el cual ella había comido anteriormente luego de haber sido tentada por la serpiente. Como resultado de ello, el espíritu de Adán murió, tal como Dios le había advertido diciendo: "ciertamente morirás". De esta manera su comunicación con Dios se rompió.

Claro está que el espíritu de Adán proviene de Dios, por lo que jamás podrá extinguirse por completo. El aliento de vida que Dios sopló en la nariz de Adán tiene el rasgo de la inmortalidad, lo que quiere decir que posee la característica de 'no perecer jamás'.

En este caso, al decir que su espíritu murió, significa que

la comunicación con Dios se vio severamente afectada y su actividad se detuvo por completo. Debido a que su espíritu ya no estaba activo, el alma tomó el lugar de mayordomo del hombre y gobernó sobre el cuerpo. A partir de la caída de Adán, el conocimiento del espíritu que mantenía su espíritu vivo comenzó a acabarse. De esta manera, los atributos carnales que pertenecen a las tinieblas comenzaron a entrar en la forma espiritual. A partir de ese momento, el cuerpo de Adán se encontraba bajo el control del orden físico. Él se convirtió en un ser que debía sufrir cambios, envejecer y finalmente enfrentar la muerte.

## La forma espiritual de una persona en el momento de la muerte

En cuanto a los hombres, después de que su cuerpo físico muere, su espíritu y su alma estará contenido en la forma espiritual y existirán siempre. El alma jamás se extingue, ni siquiera después de la muerte física, ya que se combina con el espíritu y sigue dándose el desenvolvimiento del alma. Aún después de que el cuerpo muere y el cerebro deja de funcionar, el conocimiento que se aloja en el cerebro permanecerá en forma espiritual. Además de ello, permanecerá los pensamientos y los sentimientos. Este espíritu y esta alma se unifican y se denominan 'espíritu-alma', pero en la mayoría de casos nos referimos a ellos como 'espíritu'.

Por una parte, si alguien acepta a Jesucristo, vive por medio de la Palabra de Dios y ha ganado el derecho de ir al espacio de la luz, su forma espiritual brillará. Por otra parte, si el espíritu de alguien muere debido a que no tiene comunión con Dios quien es Luz, y vive en el pecado y la maldad siendo manchado por las cosas del mundo, su forma espiritual solo tendrá tinieblas.

La apariencia de aquellos que son salvos y de aquellos que no lo son será completamente opuesta en el momento de su muerte. Aquellos que no son salvos por lo general mueren llenos de terror con sus ojos abiertos, sin embargo aquellos que son salvos mueren en paz con sus ojos cerrados; llegan a conocer que existe el Cielo y el Infierno en el momento que su espíritu sale de su cuerpo.

Algunas de las personas que no son salvas pueden ver que los mensajeros del Infierno están esperando por ellos. Estos mensajeros están llenos de tinieblas desde la cabeza a los pies y están vestidos de negro. Tienen rostros pálidos, labios de color rojo negruzco y una energía muy oscura detrás de sus ojos. ¡Cuánto temor se sentirá al ver que los mensajeros del Infierno, seres con apariencia tan grotesca, se acercan! En ese momento se llegará a conocer que ciertamente existe el Cielo y el Infierno y se morirá con temor. No obstante, será muy tarde para dicha persona. Lamentar el pasado no le ayudará y tampoco podrá escapar de ser arrastrado al Infierno.

Sin embargo, aquellos que guardan su fe y llevan una buena vida como cristianos, no deben tener miedo de ninguna cosa. Ellos ven a dos ángeles en vestiduras blancas los cuales esperan por ellos antes de su muerte, por lo que sus rostros son rosados y están en paz. El momento que su espíritu se separa de su cuerpo, sienten una alegría inmensa y gozo y felicidad indescriptible.

Hubo una creyente en nuestra iglesia que luego de llevar una vida de fe por algún tiempo falleció. Ella era realmente una persona de buen corazón y tan amable que jamás tuvo conflictos o problemas con nadie. Tenía paz con todas las personas y solo hablaba palabras de bondad, amor y verdad con amabilidad. Ella amó a Dios fervientemente; su primera prioridad era la obra de Dios y no escatimó su vida cuando se trataba del Reino de Dios. Pude ver luces brillantes saliendo de la funeraria donde ella se encontraba. Cuando vi la dignidad de los ángeles que vinieron a llevar su espíritu, pude imaginar el tipo de morada celestial al que ella entraría.

## La forma espiritual de los salvos

Cuando una persona que es salva muere en este mundo, su espíritu sale de su cuerpo. Ahora, hay dos ángeles que escoltan su espíritu y lo guían al Lugar de espera del Cielo. Antes de la Resurrección del Señor, el sepulcro alto solía ser el Lugar de espera en el Cielo, pero después de la resurrección, este lugar cambió. El alma (espíritu-alma) se queda en otro lugar de espera en las afueras del paraíso. Las almas que fueron salvas durante el Antiguo Testamento, también fueron trasladadas a este lugar de espera.

En los tiempos del Nuevo Testamento, cuando el espíritu de aquellos que son salvos deja el cuerpo, primeramente se dirigen al Sepulcro Alto. Ellos permanecen allí durante tres días para adaptarse el reino espiritual y recibir el entrenamiento y conocimiento necesario para el reino celestial, antes de ser llevados al Lugar de Espera en las afueras del Paraíso. El proceso del Cultivo de la humanidad llegará a su fin en la segunda venida del Señor en el aire. Luego de ello viene el Reino Milenario; cuando este culmine, vendrá el Juicio del Gran Trono Blanco. Mediante el Juicio, Dios dará a cada persona un lugar de morada celestial y las recompensas de acuerdo a las obras de cada uno.

Ahora, para aquellas personas que son salvas, ¿qué tipo de apariencia tendrá su forma espiritual? Si conocemos acerca de la forma espiritual podremos comprender con mayor facilidad acerca de la resurrección y el rapto. Si alguien muere en su niñez, su forma espiritual también tendrá la apariencia de un niño. Si muere siendo joven, su forma espiritual también tendrá apariencia joven. Si alguien muere siendo una persona mayor, su forma espiritual también se verá como una persona mayor. Pero las formas espirituales no tienen barba, discapacidades, cicatrices o arrugas. Incluso si alguien muere de una enfermedad, su forma espiritual seguirá siendo saludable y hermosa. La forma espiritual de las personas mayores será similar a la apariencia física del cuerpo al momento de la muerte. No obstante, no se verán frágiles sino que poseerán la apariencia de un cuerpo saludable y lleno de energía.

Tienen vestiduras blancas y sus formas espirituales emanan luces. La fuerza de la luz es diferente de persona a persona; mientras más santidad ha alcanzado un individuo, la luz será más brillante y hermosa. De acuerdo con el brillo de la luz, la morada celestial y las glorias dadas a cada uno también serán diferentes. Para las mujeres, el largo de su cabello será diferente de acuerdo a la medida de la santidad que ellas hayan cultivado. 1 Corintios 11:15 dice: *"Por el contrario, a la mujer dejarse crecer el cabello le es honroso; porque en lugar de velo le es dado el cabello"*.

Para aquellas mujeres que irán al Paraíso, al Primero o el Segundo Reino de los Cielos, su cabello se reducirá al nivel de los hombros. Para aquellas que ingresen al Tercer Reino de los Cielos, su cabello estará hasta la mitad de su espalda; y para aquellas que ingresen a la Nueva Jerusalén su cabello llegará hasta la cintura. En el caso de los hombres, el largo de su cabello será el mismo: estará a la altura de la nuca. El cabello en el Cielo es rubio ondulado, tanto para los hombres como para las mujeres.

La forma espiritual en el Lugar de espera en el Cielo no es aún completa y perfecta porque se sigue a la espera de la Segunda Venida del Señor en el aire, que es el tiempo de la Resurrección. Se podrá tener un cuerpo resucitado solo cuando el Señor aparezca en el aire nuevamente.

## El cuerpo resucitado

Cuando el Señor regrese en el aire, aquellas almas que se encuentren en el Lugar de espera en el Cielo se combinarán con su cuerpo físico que será resucitado de la tumba. Es por eso que la Biblia dice que aquellos que mueren después de haber creído no están muertos, sino que duermen. Sus cuerpos que están muertos y enterrados serán resucitados y arrebatados en el aire, y se unirán a su respectivo espíritu-alma. Llamamos a este cuerpo unido el 'cuerpo resucitado'.

Si el cuerpo se ha convertido en un puñado de polvo en la tumba luego de un largo período de tiempo, o si se lo ha cremado, ¿cómo puede resucitar y combinarse con el espíritu? Aunque invisibles a nuestros ojos, los elementos que componen el cuerpo todavía existen en esta Tierra. En la venida del Señor, todos los elementos se reunirán y resucitarán mediante el poder de Dios. Este cuerpo se reunirá con el espíritu-alma y se convertirán en todo el cuerpo del espíritu, alma y cuerpo.

Luego, aquellos que reciban al Señor también se convertirán al cuerpo espiritual y seremos arrebatados en el aire, a lo que llamamos 'el Rapto'. Se lo puede comparar a un magneto gigante que saca el polvo del hierro hacia el aire.

1 Tesalonicenses 4:16-17 dice: *"Porque el Señor mismo con voz de mando, con voz de arcángel, y con trompeta de Dios, descenderá del cielo; y los muertos en Cristo resucitarán primero. Luego nosotros los que vivimos, los que hayamos quedado, seremos arrebatados juntamente con ellos en las nubes para recibir al Señor en el aire, y así estaremos siempre con el Señor"*.

En 1 Corintios 15:51-53 leemos: *"He aquí, os digo un misterio: No todos dormiremos; pero todos seremos transformados, en un momento, en un abrir y cerrar de ojos, a la final trompeta; porque se tocará la trompeta, y los muertos serán resucitados incorruptibles, y nosotros seremos transformados. Porque es necesario que esto corruptible se vista de incorrupción, y esto mortal se vista de inmortalidad".*

Estas almas salvas se reunirán con el Señor en el aire y tendrán un banquete durante siete años. En este caso, 'el aire' se refiere a un espacio especial dispuesto en un lado del Edén en el segundo cielo. El Edén es un vasto espacio que incluye el Huerto del Edén. Los 'Siete Años del Banquete de las Bodas' es un tiempo para que las almas que han sido salvas sean confortadas y que puedan disfrutar. Es para celebrar los esfuerzos realizados durante el Cultivo de la humanidad sobre la Tierra. Además es un tiempo para darle gracias a Dios recordando sus vidas sobre la Tierra.

Al cambiar y recibir el cuerpo resucitado, podrán ver el grado de santificación que han alcanzado en la cultivación del corazón del Señor. También tendrán un vago entendimiento del tipo de recompensas y gloria que luego recibirán en el Juicio Final. Tendrán los Siete Años del Banquete de las Bodas en el aire y el cuerpo resucitado, y luego vendrán a la Tierra para pasar mil años.

Entonces, ¿en qué aspectos difiere el cuerpo resucitado de la forma espiritual? El cuerpo resucitado y la forma espiritual, tanto el uno como el otro perciben el espacio espiritual de diferente manera. La forma espiritual por sí sola no puede ser un cuerpo completo en el espacio espiritual. Podemos decir que uno posee la forma básica para vivir en el espacio espiritual cuando tiene el cuerpo resucitado. La forma espiritual tiene la apariencia de la persona en el momento de su muerte, pero el cuerpo resucitado será como el cuerpo de una persona de treinta y tres años para todos.

La vida de Jesús en la Tierra culminó a los treinta y tres años de edad. Podemos decir que a esta edad una persona se encuentra en la cúspide de su vida, así como el sol al mediodía; brilla más. Serán lo suficientemente maduros aunque no ancianos para poseer toda la energía y el vigor. Habrán adquirido una belleza floreciente luego de pasar los 20 años. Si lo comparamos con las flores, es igual al momento en el que brotan completamente.

Por esta razón Dios da a Sus hijos un cuerpo espiritual con la apariencia de una persona de treinta y tres años. La estatura de los hombres será alrededor de 1,90m (cerca de 6' 3") y para las mujeres 1,70m (5' 7") aproximadamente. Nadie será demasiado gordo o muy flaco; todos tendrán la apariencia más hermosa.

El cuerpo resucitado es tangible; puede sentirse físicamente con las manos ya que este es el espíritu y el alma combinado con el cuerpo físico resucitado. Jesucristo fue quien nos mostró este cuerpo resucitado. En Lucas 24:39 vemos que el Señor resucitado aparece ante Sus discípulos y les dice: *"Mirad mis manos y mis pies, que yo mismo soy; palpad, y ved; porque un espíritu no tiene carne ni huesos, como veis que yo tengo"*. Tal como él menciona, el cuerpo resucitado tiene carne y huesos.

El cuerpo resucitado es también un cuerpo incorruptible que no está sujeto a las limitaciones de este mundo. El Señor resucitado se apareció a los discípulos atravesando las paredes, tal como está escrito en Juan 20:19, 26. En Juan 20:22 (LBLA) dice que Jesús 'sopló sobre ellos'. El cuerpo resucitado puede respirar y además comer y beber. La comida que se ingiera será disuelta y exhalada mediante la respiración. ¡Qué sorprendente es que los alimentos consumidos se exhalan junto con la respiración con un agradable aroma que luego desaparece en el aire!

En Lucas 24:41-43 leemos: *"Y como todavía ellos, de gozo, no lo creían, y estaban maravillados, les dijo: ¿Tenéis aquí algo de comer? Entonces le dieron parte de un pez asado, y un panal de miel. Y él lo tomó, y comió delante de ellos"*. El Señor comió delante de Sus discípulos para motivarles a tener fe de la resurrección y para darles a conocer acerca del cuerpo resucitado. Además fue para darles a conocer que el cuerpo espiritual también puede ingerir alimentos. María Magdalena y los discípulos, al principio no reconocieron el cuerpo resucitado de Jesús debido a la luz que emanaba de él; no tenía ninguna herida, pero debido a la incredulidad de Tomás, Jesús le mostró Sus manos. Jesús hizo que Tomás pudiera ver las heridas solo por un momento para que de esta manera obtuviera fe.

### El cuerpo celestial perfecto

Les he explicado que aquellos que tengan un cuerpo resucitado serán arrebatados en el aire para los siete años del Banquete de las Bodas. Luego de ello, en el mismo cuerpo, descenderán a la Tierra durante el Reino Milenario y cuando este acabe, heredarán sus respectivas moradas celestiales mediante el Juicio del Gran Trono Blanco. Cuando esto suceda, serán transformados en cuerpos celestiales perfectos, los cuales pueden ser considerados como un cuerpo espiritual a un nivel más alto que el cuerpo resucitado. Ahora, ¿por qué Dios nos permite tener un nivel intermediario? ¿Por qué recibimos un cuerpo resucitado y no el cuerpo celestial perfecto desde un principio?

Es sobre todo porque el Reino de los Cielos que está en el tercer cielo y el lugar de los Siete Años del Banquete de las Bodas en el segundo cielo tienen muchas diferencias, incluyendo la densidad del espíritu y el curso del tiempo. Por esta razón Dios nos da el cuerpo que es el más adecuado para cada espacio. El factor común para la forma espiritual, el cuerpo resucitado y el cuerpo celestial perfecto consiste en que todos ellos muestran un brillo semejante al de las luces boreales, el cual difiere de acuerdo a la medida en que uno haya alcanzado la santidad. Además, para mostrar luces diferentes de acuerdo a la medida de la santidad de cada uno, el cuerpo celestial perfecto también tiene que mostrar la recompensa y la gloria que cada persona recibe de parte de Dios. Esta es la mayor diferencia dentro del cuerpo resucitado y el cuerpo celestial perfecto.

Cuando el cultivo de la humanidad llegue a su fin, el nivel de santificación de cada uno finalizará y la cantidad de recompensas se darán de acuerdo a ello. De esta manera, uno puede distinguir la diferencia en la gloria y las recompensas al ver la luz espiritual de cada persona. Pero por supuesto, todas las cosas serán claramente reveladas solo después del Juicio del Gran Trono Blanco. Las personas tendrán el cuerpo celestial perfecto solo después de que Dios oficialmente reconozca y proclame la gloria y recompensas dadas a cada individuo.

## Luz de gloria

El brillo de las luces boreales de la forma espiritual es diferente de acuerdo al nivel de santidad de cada persona sobre la Tierra. Por esta razón, el brillo es llamado 'la luz de gloria'; mientras más santidad y semejanza al Señor se alcance, la luz será más clara y más brillante. También seremos capaces de distinguir el rango en el orden espiritual con solo ver el brillo de la luz. En particular, aquellos que se encuentran en el Segundo y Tercer Reino de los Cielos, tendrán apariencias muy diferentes. Esto se debe a que la luz de gloria, la ropa que utilicen, los patrones y decoraciones en sus vestiduras y el estilo de su cabello serán todos diferentes.

Apocalipsis 19:8 dice: *"Y a ella se le ha concedido que se vista de lino fino, limpio y resplandeciente; porque el lino fino es las acciones justas de los santos".* Tal como se menciona, tanto el hombre como la mujer vestirán lino fino y resplandeciente en el Cielo.

Las vestiduras son tan suaves como la seda y se mueven ligeramente ya que son muy livianas. No existe el polvo y las personas no transpiran, por lo que sus vestiduras nunca se ensucian aunque las vistan por mucho tiempo. Existen muchos tipos de adornos y diferentes patrones, los cuales las hacen realmente espléndidas y hermosas, más allá de cualquier comparación con las vestiduras en este mundo. Además, los colores del arco iris y otros colores variados emanan de las vestiduras.

Existen vestimentas para el uso diario, vestidos de fiesta, ropa para los servicios de adoración, ropa deportiva e incluso ropa para jugar diferentes tipos de juegos. Podrán tener diferentes vestimentas de acuerdo a cada ocasión. En el Cielo, las personas reciben recompensas de acuerdo a sus obras sobre la Tierra. Por lo tanto, cada uno recibe diferente tipo y cantidad de ropa. Algunos tienen sólo algunas prendas mientras que otros pueden tener un sinnúmero de clases distintas de ropa. Por supuesto, para reconocer la gloria de cada uno no simplemente se trata de la ropa. Podemos también reconocer la gloria y las recompensas mediante las coronas sobre las cabezas y otras decoraciones.

La cantidad, los tipos, la luz y el esplendor de cada corona entregada será diferente de acuerdo a la medida en la que hemos cultivado la santidad y trabajado fielmente para el reino de Dios con fe. La densidad, el diseño y la claridad del brillo de los colores son diferentes en cada morada celestial. Sin embargo, incluso la ropa en el nivel más bajo de la morada en el Cielo será mucho más esplendida, hermosa y más clara que el color de la ropa que utilizamos en la Tierra. En sí, el cuerpo celestial perfecto es tan hermoso que no necesitará ninguna decoración adicional u ornamentación, no obstante, Dios entrega la ropa, la corona y demás accesorios de acuerdo a las obras de cada individuo.

## 2. El alma y el cuerpo pertenecientes al espíritu

Los hijos salvos de Dios vivirán en el Cielo en el cuerpo celestial perfecto luego del Juicio del Gran Trono Blanco. El cuerpo celestial perfecto tiene el alma que obedece al espíritu y un cuerpo espiritual que no produce ningún tipo de desecho corporal.

¿Por qué es importante comprender acerca del espíritu, alma y cuerpo? Porque debemos recuperar el espíritu, el alma y el cuerpo que han cambiado debido al pecado de Adán. Esta es también la razón por la que Dios cultiva a los seres humanos sobre la Tierra. Cuando aceptamos a Jesucristo y recibimos el Espíritu Santo, nuestro espíritu que estaba muerto vuelve a vivir y de esta manera recuperamos nuestro espíritu. En la medida que recuperemos nuestro espíritu, tendremos el alma y el cuerpo que pertenecen al espíritu. De esta manera podemos ser personas que pertenecen al espíritu.

Cuando alguien tiene el alma y el cuerpo que pertenecen al espíritu, a esto se lo conocen como el estado en el que 'el alma prospera'. En 3 Juan 1:2 leemos: *"Amado, yo deseo que tú seas prosperado en todas las cosas, y que tengas salud, así como prospera tu alma"*.

Una vez que el alma prospera, una persona puede cortar los pensamientos que pertenecen a la carne. Si ellos quieren dejar de pensar en algo, pueden hacerlo de manera inmediata y también pueden dejar de oler y oír ciertas cosas. La sensación de dolor se podrá sentir o no dependiendo de si la persona lo desea. Debido a que los pensamientos y sentimientos pueden ser controlados a voluntad, siempre hay una plenitud de gozo y gratitud (Romanos 8:6). Este tipo de persona es saludable y todas las cosas le salen bien. Las enfermedades no pueden afectarle ya que puede controlar su cuerpo, y aunque se enferme debido a algún error cometido, puede vencerlo inmediatamente mediante la fe.

## El alma perteneciente al espíritu

Adán, el primer hombre creado por Dios, fue un espíritu viviente que tenía un espíritu, un alma y un cuerpo que pertenecían al espíritu. Su espíritu era su amo y controlaba su alma y cuerpo en la verdad. Pero desde el momento que él pecó y su espíritu murió, su espíritu, alma y cuerpo llegaron a pertenecer a la carne. Cuando el hombre era un espíritu viviente, recibía únicamente la verdad por parte de Dios, de esta manera el desenvolvimiento del alma le pertenecía solamente al espíritu. No obstante, Satanás llegó a controlar el alma del hombre a partir del momento en que su espíritu murió. Con un hombre de espíritu muerto, este ya no podía tener el desenvolvimiento del alma a cargo del espíritu.

Sin embargo, luego de que una persona acepta a Jesucristo, puede recobrar el desenvolvimiento del alma perteneciente al espíritu mediante el Espíritu Santo, y de esta manera obedecer a la Palabra de Dios. Su conocimiento y teorías defectuosas y sus pensamientos que no son agradables a los ojos de Dios,

103

cambiarán a la verdad. En 2 Corintios 10:5 leemos lo siguiente: *"Derribando argumentos y toda altivez que se levanta contra el conocimiento de Dios, y llevando cautivo todo pensamiento a la obediencia a Cristo"*.

Las personas naturalmente reciben las palabras de Satanás en la medida en que su alma pertenece a la carne. Incluso si intentan tener el desenvolvimiento del alma perteneciente al espíritu no puede hacerlo en la manera que ellos lo desean. Por consiguiente, deben seguir intentando cambiar su desenvolvimiento del alma perteneciente a la verdad al examinar sus pensamientos, palabras y acciones en todo momento. Mientras siguen intentando con oraciones fervientes, podrán obtener el desenvolvimiento del alma perteneciente al espíritu mediante la gracia y el poder de Dios, y la ayuda del Espíritu Santo.

El alma que pertenece al espíritu le obedece ya que este, el cual es el mayordomo original del hombre, realiza su rol como su amo. Entonces, esta persona tendrá solo pensamientos de bondad, amor y verdad ya que solo tiene el desenvolvimiento del alma perteneciente al espíritu. Por ejemplo: aunque otras personas actúen con falta de educación y hagan algo malo contra una persona que tiene el alma perteneciente al espíritu, sus sentimientos no serán heridos. Tendrá deseos de paz y comprenderá a los demás sin tener ninguna forma de confrontación con ellos. En vez de poseer sentimientos exasperados, sentirá compasión por los demás por la maldad en ellos.

Por supuesto, incluso para aquellos que sus almas prosperan, siguen teniendo falsedades que ingresaron en sus memorias. No obstante, aunque los recuerdos están allí, Satanás no puede obrar en ellos ya que se abstiene de la falsedad en su corazón. Naturalmente, solo tienen desenvolvimiento del alma que pertenece al espíritu. Ellos siguen la guía del Espíritu Santo, por lo tanto no ven las cosas que no están supuestos a ver. No juzgan ni condenan y viven de acuerdo a la verdad.

Si ellos continúan teniendo el desenvolvimiento del alma perteneciente al espíritu, el desenvolvimiento del alma perteneciente a la carne puede desaparecer por completo. Llegan a aborrecer ver, escuchar o hablar cualquier cosa que sea de la falsedad. Esto significa que el vaso de sus corazones está lleno de la verdad. Ya que la falsedad ha sido completamente removida de sus corazones, las falsedades también desaparecerán de sus pensamientos. De esta manera, si nosotros llenamos por completo nuestros corazones solo con la verdad, tendremos un alma perteneciente solo a la verdad.

## El alma lo conoce todo, pero solo piensa en la verdad

Cuando vayamos al Cielo, no solo nuestro espíritu irá al Cielo; nuestra alma también estará acompañada en la forma espiritual. Esta alma es aquella perteneciente al espíritu, es decir la verdad. Solo la parte de nuestra alma de la que se ha eliminado la falsedad y se ha cultivado en la verdad, se combinará con la verdad. ¿Significa esto que no sabremos nada acerca de la falsedad cuando estemos en el Cielo? No, no será así. Sabremos acerca de la verdad y con mayor detalle de lo que conocemos ahora.

1 Corintios 13:12 dice: *"Ahora vemos por espejo, oscuramente; mas entonces veremos cara a cara. Ahora conozco en parte; pero entonces conoceré como fui conocido"*. Los espejos utilizados hace unos 2 000 años eran placas pulidas de plata, bronce o acero; estos eran tenues en comparación con los espejos modernos. Solo podían ver las figuras de las cosas, sin embargo estas no tenían claridad en el espejo. Pero en la actualidad los espejos son muy claros. Lo mismo sucede en el Cielo; conoceremos todas las cosas clara y exactamente, incluso las cosas que no conocimos sobre este mundo.

Mientras tengamos el alma perteneciente al espíritu, aunque pensemos acerca de algunas cosas que nos traen vergüenza y humillación en este mundo, no tendremos ningún pensamiento de falsedad o malos sentimientos acerca de ellos. Simplemente tendremos pensamientos del espíritu y pensamientos de la verdad en amabilidad, paz y misericordia.

### Comprensión del corazón de cada individuo en el espíritu

Los corazones de las demás personas se pueden sentir y discernir correctamente en el Cielo, y además se logrará comprenderlos y sentirlos. No habrá maldad en sus corazones, por lo tanto, no existirán los malos entendidos ni tampoco prejuicios o juicios. Especialmente en la Nueva Jerusalén, podrán comprender el corazón de cada uno de manera completa en el espíritu. Cada palabra que pronuncien constará solo de consideración, amor y servicio, y por lo tanto conmoverán sus corazones. Comprenderán el corazón de Dios el Padre y el Señor, así como el de las demás personas, así que entenderán qué tipo de mente y sentimientos Dios tenía mientras atravesaban el Cultivo de la humanidad en la Tierra; también entenderán qué tipo de sentimientos tenía el Señor mientras tomaba la cruz.

En cierta ocasión Dios me permitió sentir el corazón de Moisés mediante la inspiración. Tuve un encuentro con Moisés ante luces muy brillantes, y él estaba lleno del aroma de bondad. Cuando tomó mi mano, me transmitió el amor de Dios. Cuando abrió su boca para hablar, tuvo la valentía y dignidad que mostró al predicar la Palabra de Dios al pueblo de Israel en el desierto.

Moisés me permitió conocer cosas respecto a su niñez en el palacio de Egipto; cómo había llegado a conocer acerca de Dios Todopoderoso y cómo supo que era hebreo gracias a su niñera, que en realidad era su madre. Me habló también de aquella ocasión en la que el pueblo de Israel adoró a ídolos en el desierto y los tipos de sentimientos y emociones que experimentó como líder del Éxodo. Moisés derramó lágrimas mientras recordaba estos momentos.

Cuando alguien derrama lágrimas al recordar las cosas que habían ocurrido en la Tierra, estas pronto se transformarán en luces hermosas. Los que escuchan lo que se dice también sentirán la bondad y amor por las almas, lo que conmoverá el corazón.

Una vez más se sentirán agradecidos por el amor de Dios que les ha dado felicidad en el Cielo y lo glorificarán con sinceridad de corazón. Amarán a Dios con todo su corazón, mente y alma, y su amor y gratitud jamás cambiarán. Con profundidad comprenderán la Providencia de Dios que consiste en Su deseo de obtener hijos verdaderos con quienes compartir Su amor, aunque esto significa que debe atravesar muchas cosas dolorosas en el proceso del Cultivo de la humanidad. Esta es la razón por la que sentirán gratitud por siempre desde el fondo del corazón.

## El cuerpo que pertenece al Espíritu

Así como el espíritu viviente, es decir Adán, no era perfecto, el espíritu que no conoce acerca de la carne no es perfecto, y de igual manera, la carne que no conoce el espíritu, no tiene valor. Todos aquellos que no conocen a Jesucristo como salvador personal son hombres carnales, y como tal, no pueden conocer en realidad acerca del reino de Dios y el reino espiritual. Eventualmente sufrirán agonía en el eterno fuego del Infierno, por tanto, ¿cuál será su valor? Únicamente los que conocen acerca del reino carnal y del espiritual, y quienes se abstienen de la carne para sumergirse en el espíritu, tendrán valor como hombres.

En la medida en que cultivemos la santidad en el corazón, nuestra carne también cambiará en aquellos que corresponde a lo espiritual. Los que son débiles y enfermizos se tornarán saludables en la medida en que sean transformados en el espíritu aunque no estén totalmente santificados aún.

Una vez que estemos en el espíritu, este abrazará el alma y el cuerpo para que puedan moverse juntos como una sola entidad. Aunque estamos viviendo en este espacio físico, controlamos nuestro cuerpo y alma por medio del espíritu, por lo que será igual a estar viviendo en el espacio espiritual. En la medida en que recuperemos la imagen de Dios que se perdió por causa del pecado de Adán, podremos comunicarnos claramente con Dios y recibir bendiciones y en todo nos irá bien.

Asimismo, una vez que lleguemos a ser personas del espíritu, nuestro envejecimiento será más lento, es más, si nos sumergimos en el espíritu completo, podemos rejuvenecer. En el caso de Moisés, sus ojos no se nublaron y su fortaleza no se debilitó hasta su muerte a la edad de ciento veinte años. Abraham engendró a Isaac a pesar de que era demasiado mayor para tener un hijo y más tarde, después de cuarenta años desde el nacimiento de Isaac, tuvo seis hijos más (Génesis 25). Si nos referimos a Elías y Enoc, ellos se abstuvieron de toda forma de carnalidad y se sumergieron en niveles espirituales profundos al punto que mostraron las características de Dios y por esta razón dejaron de estar bajo las leyes del reino espiritual que dice que la paga del pecado es la muerte, por lo que pudieron evitar esta ley.

## El cuerpo que no necesita alimento

Cuando los hijos de Dios entrar en el reino celestial, eventualmente alcanzan el cuerpo celestial perfeccionado que no perece ni se descompone, sino que disfruta de la vida eterna. En Mateo 26:29 leemos: *"Y os digo que desde ahora no beberé más de este fruto de la vid, hasta aquel día en que lo beba nuevo con vosotros en el reino de mi Padre"*.

El Señor resucitado no comerá nada hasta el día en que coma con los salvos cuando el Cultivo de la humanidad llegue a su fin. Al igual que el Señor resucitado, no tendremos que comer para continuar nuestras vidas una vez que tengamos un cuerpo espiritual.

No obstante, el aroma y los elementos inmersos en los alimentos en el Cielo tendrán un buen efecto sobre las formas espirituales, de modo que podrán comer o respirar en el aroma; respirarán en el aroma de las flores o frutas y lo harán tan solo con la nariz, pero también con el cuerpo entero y con el corazón. Cuando las personas ofrecían sacrificios de animales en el tiempo del Antiguo Testamento, Dios percibía el aroma del corazón que provenía de la gente que ofrecía el sacrificio. Aun en la actualidad, cuando ofrecemos servicios de adoración, alabanza y ofrendas, Dios acepta el aroma de nuestro corazón.

Al respirar el aroma siente mayor gozo y felicidad del Cielo. Incluso en este mundo, nos alegramos cuando comemos diversos tipos de alimentos. De manera similar, los cuerpos espirituales se deleitan al respirar los aromas. En el Cielo, nadie se cansa de nada y se puede sentir la misma felicidad y satisfacción incluso a pesar de que se respirará el mismo aroma todo el tiempo. Cuando respiren la esencia de frutos y flores, esta será absorbida por el cuerpo por un momento y luego se esparcirá en el aire. El corazón de las personas se llenará con mayor felicidad durante este proceso.

## No habrá desperdicios corporales

El cuerpo celestial perfeccionado es un cuerpo que podrá oler y comer. Se alimentará de varios frutos y bebidas hechas con el agua de vida. Además de los doce frutos del árbol de vida, habrá muchos otros tipos de frutos en el Cielo y podremos comer de ellos tanto como anhelemos. Habrá también muchos tipos de bebidas.

¿Comeremos también en el Cielo las comidas de nuestro agrado en la Tierra? ¿Habrá carne, pan y pasteles? ¿Extrañaremos algunas comidas de este mundo? Una vez que vayamos al Cielo, no desearemos comer ninguna comida de la que solíamos comer en este mundo. Cuando tengamos un cuerpo que es más apropiado para el espacio del tercer cielo, podremos vivir por siempre incluso sin comer.

Claro que quizás recordemos algún tipo de alimento del que disfrutábamos en la Tierra en particular y posiblemente anhelemos tener algo similar en el Cielo. Tal vez haga algo similar a lo que desea, pero ya que los frutos y bebidas del Cielo tendrán un mejor sabor, no deseará disfrutar de ningún tipo de comida física del pasado.

Cuando comamos algo en el Cielo, se disolverá y difuminará mediante la respiración, por lo que no habrá ninguna forma de excreción como en la Tierra. Los alimentos consumidos se difuminarán de modo natural con la respiración, permanecerán por un momento a manera de fragancia y luego desaparecerán en el aire. ¡Cuán conveniente y asombroso será no tener que digerir o excretar al igual que en este mundo! Obviamente, no habrá baño que podría tener cualquier olor objetable. En el Cielo tendremos un cuerpo celestial perfecto.

Esto será igual en cualquiera de las moradas del reino de los Cielos, pero si tenemos más del alma que corresponde a la carne y menos de la que corresponde al espíritu, el brillo de la forma espiritual será débil. En la medida en que cultivemos nuestra alma para que corresponda al espíritu, recibiremos una morada en el Paraíso, en el Primero o en el Segundo Reino de los Cielos. Podemos entrar en el Tercer Reino de los Cielos o en la Nueva Jerusalén únicamente cuando hagamos que nuestra alma corresponda plenamente al espíritu sin ninguna parte de ella conectada a la carne.

Dios nos permite cosechar lo que hemos sembrado y nos retribuye de acuerdo a nuestra actitud dentro de Su amor y justicia. La morada celestial, así como el rango eterno, se decidirá de acuerdo al resplandor de nuestra luz espiritual, y por ende, debemos esforzarnos con oración ferviente para convertirnos en personas de espíritu, alma y cuerpo que corresponden al espíritu.

## 3. El regalo de parte de Dios

Dios ha preparado un regalo para los hijos salvos: es la vida eterna en el reino celestial. Recibiremos una morada celestial distinta de acuerdo a cómo avancemos en el Cultivo de la humanidad en este mundo para convertirnos en personas de acuerdo al corazón de Dios.

El gran proyecto de Dios de 'cosechar' creyentes que son el 'trigo' de la cosecha aún está vigente; Él está buscando a los que creen en Su poder y naturaleza divina reflejada en todas las cosas que se observan alrededor y quienes viven de acuerdo a Su Palabra. Estas son almas que son transparentes y hermosas como el cristal. La Biblia nos habla acerca del final de los días; los que están espiritualmente despiertos sienten que el fin del Cultivo de la humanidad está cerca.

Desde la caída de Adán, la humanidad ha producido descendencia y civilizaciones desarrolladas además de haber experimentado la vida, la vejez, las enfermedades y la muerte. Una vez que termine el Cultivo de la humanidad, Dios invitará a todos los creyentes a entrar en el 'aire' que está ubicado en el segundo cielo, donde ofrecerá un 'cautivador' Banquete de las Bodas y nos permitirá compartir nuestro amor con el Señor por siete años.

Apocalipsis 19:7-9 lo describe así:

*Gocémonos y alegrémonos y démosle gloria; porque han llegado las bodas del Cordero, y su esposa se ha preparado. Y a ella se le ha concedido que se vista de lino fino, limpio y resplandeciente; porque el lino fino es las acciones justas de los santos. Y el ángel me dijo: Escribe: Bienaventurados los que son llamados a la cena de las bodas del Cordero. Y me dijo: Estas son palabras verdaderas de Dios.*

El amor de Dios no termina aquí. Una vez que culmine el banquete, al igual que una pareja de recién casados que se van en luna de miel luego de la fiesta, Dios nos permitirá descender a la Tierra con el Señor y reinar con Él por mil años. Él renovará el Primer Cielo, lugar que fue escenario del Cultivo de la humanidad, y permitirá que los creyentes salvos compartan su amor con el Señor al máximo.

Apocalipsis 20:6 dice: *"Bienaventurado y santo el que tiene parte en la primera resurrección; la segunda muerte no tiene potestad sobre éstos, sino que serán sacerdotes de Dios y de Cristo, y reinarán con él mil años".*

Dios revelará los regalos y recompensas que ha preparado para Sus hijos amados una vez que culmine el Reino Milenario. En el Juicio del Gran Trono Blanco, Él dará recompensas por lo que han hecho en este mundo y asignará las moradas en el Cielo de acuerdo a la medida de fe de cada uno. Se recibirá moradas permanentes en el Tercer Cielo, que es un lugar libre de lágrimas, pesar, dolor, enfermedades y muertes, de modo que se podrá vivir rodeados de bondad, amor, gozo y felicidad en el cuerpo celestial perfecto.

En Juan 14:2-3, Jesús promete: *"En la casa de mi Padre muchas moradas hay; si así no fuera, yo os lo hubiera dicho; voy, pues, a preparar lugar para vosotros. Y si me fuere y os prepararé lugar, vendré otra vez, y os tomaré a mí mismo, para que donde yo estoy, vosotros también estéis".*

¿Cuál es la apariencia del Reino de los Cielos? ¿Qué tipo de vida viviremos ahí?

## Nuevo cielo y nueva tierra

El firmamento en los Cielos es azul claro y transparente. La razón por la que Dios hizo el firmamento de color azul es porque nos permite sentir profundidad, altura y claridad. Él desea que Sus hijos amados vivan felices por siempre con un corazón claro y transparente como el cristal.

También hay nubes en el firmamento del reino celestial; estas tienen formas decorativas con el fin de incrementar la belleza. Las nubes añaden felicidad al corazón de los ciudadanos celestiales. Cuando aquellos que estén en la Nueva Jerusalén piensen y alaben el amor de Dios al mirar el firmamento, los ángeles leerán las mentes de sus amos y a veces formarán corazones o escribirán cosas usando las nubes.

En el Cielo está la luz de la gloria de Dios, la que no se compara con la luz del sol; esta iluminará cada rincón con gran resplandor, desde la Nueva Jerusalén hasta el Paraíso (Apocalipsis 22:5).

La luz de la gloria de Dios es tan clara y brillante que si tuviera que brillar sobre los que están en el Paraíso, estos no podrían levantar sus cabezas por causa de su intensidad. Por esta razón, Dios disminuye en gran manera el resplandor de la luz de las moradas a diferencia de la luz en la Nueva Jerusalén. Al movilizarse desde la Nueva Jerusalén y el Tercer Reino de los Cielos hasta el Segundo y el Primer Reino, así como el Paraíso, el brillo de la luz disminuye.

Gracias al poder de Dios, en el Cielo se dan también las cuatro estaciones: primavera, verano, otoño e invierno. En realidad las cuatro estaciones no son necesarias, pero están preparadas para que los hijos de Dios puedan disfrutar de la apariencia natural distinta de cada estación. Podrán ver las hojas en el otoño y la nieve del invierno.

Dios ha hecho las cosas de la manera más perfecta y hermosa para que podamos sentir la belleza que tenemos en las diferentes estaciones de la Tierra, pero esto no significa que en el Cielo existirán el 'frío' o el 'calor' asociados con el clima y las estaciones. Habrá una distinción entre las distintas estaciones, pero no estarán marcadas por el calor o el frío de cada temporada, sino que la temperatura será la más adecuada para la vida en todo tiempo.

El suelo del Cielo no está hecho de polvo sino de oro, plata y distintas piedras preciosas. El acero tiene una densidad moderada en la Tierra, pero cuando está en polvo, vuela con el viento. Sin embargo, si está en forma de balón, no volará con el viento. El oro, la plata y las piedras preciosas están en formas esféricas, por lo que no habrá polvo en el Cielo.

## La calle de oro y de piedras preciosas

En cada morada en el Cielo habrá una calle de oro. Claro está que el resplandor que emitirá cada calle de oro diferirá en cada morada. Mientras estas más se acerquen a la Nueva Jerusalén, más resplandeciente será su brillo. A diferencia del oro puro de este mundo, el oro en el Cielo es sólido, pero se siente muy suave al caminar sobre él. En este mundo una pieza de oro del tamaño de la mano de una persona es algo raro. Sin embargo, ¿se imagina cuán increíble será ver las interminables calles de oro que resplandecen como el cristal? El oro puro simboliza la calidad inmutable de la fe espiritual. El resplandeciente brillo de la calle de oro en cada morada será distinto porque cada lugar dependerá de la medida de fe de cada persona.

Dios no atribuye mucho significado al oro del Paraíso. No obstante, al movilizarse del Primero al Segundo Reino y hasta el Tercer Reino de los Cielos, los residentes estarán más cercanos a la perfecta medida de la fe, por lo que el oro puro en cada una de las moradas superiores tendrá un significado más profundo, el mismo que será revelado por el brillo resplandeciente.

Además de la calle de oro, hay otros tipos de calles, tales como las calles de flores y de piedras preciosas. Hay también calles en las que seremos transportados por el poder de Dios con tan solo pararnos sobre ellas. La forma espiritual es muy liviana, como si no tuviese peso en absoluto. Por lo tanto, si se camina sobre flores, estas no se dañan; por el contrario, se regocijan y emanan más fragancia cuando los hijos de Dios se acercan a ellas.

Las calles de piedras preciosas tienen muchos tipos de piedras que emanan luces maravillosas, y al pararse sobre ellas, emanan luces aún más hermosas. No obstante, estas calles no se ven en todo lugar del reino celestial ya que están construidas únicamente dentro y alrededor de las casas de aquellos que se asemejan al Señor por completo y que han hecho grandes contribuciones para cumplir con la Providencia de Dios del Cultivo de la humanidad.

## El río del Agua de Vida

El río del Agua de Vida se origina en el trono de Dios. Este fluye al rededor de todo el reino celestial y vuelve a su origen. Este río es claro y puro como el cristal, y fluye de manera muy serena, como si no estuviese circulando en absoluto. Jamás se evapora y nunca se contamina, y es como las olas del mar que brillan como piedras preciosas que reflejan el brillo del sol en un día claro. Este representa el corazón de Dios que es la fuente del agua de vida que revive todas las cosas en la naturaleza; Su corazón es hermoso, deslumbrantemente brillante y libre de toda culpa y mancha. Es un corazón perfecto en todo sentido.

El hecho de que el río de Agua de Vida fluya en todo el reino celestial significa que Dios señorea sobre todas las almas en el Cielo, permitiendo que vivan una vida gloriosa cada día por Su gracia. El sabor del agua de vida es un poco dulce, pero tiene un sabor que jamás hemos probado en este mundo. Esta da vida, fortaleza y felicidad cuando se la bebe.

En Apocalipsis 22:2 leemos que el río corre *"en medio de la calle de la ciudad"*. Por tanto, las calles están a ambos lados del río que se origina en el trono de Dios y fluye en todos los rincones del reino celestial, por lo que, si se camina a uno y otro lado del río, al final se llegará al trono de Dios. Este hecho significa espiritualmente que si vivimos de acuerdo a la Palabra de Dios, la misma que está representada por el agua de vida, no solo alcanzaremos el reino celestial sino también la mejor morada en el Cielo, la Nueva Jerusalén.

Entre el río de agua de vida y las calles a cada lado hay riberas con arena dorada y plateada. Aunque son muy sólidas, la arena en forma esférica que hay en el Cielo se siente suave; cuando la gente cae o tropieza sobre ella, no se lastiman ni sufren rasguños. Así también, la arena no vuela ni se pega como polvo a los atuendos celestiales.

Además en este río se puede nadar, y aunque no se sepa cómo hacerlo mientras se está en el mundo, en el Cielo se lo logrará con libertad. Para ir a nadar en la Tierra, por lo general debemos vestir nuestros trajes de baño. Sin embargo, el agua del Cielo no penetra la ropa celestial sino que simplemente se desliza en la superficie de los materiales de las prendas, por lo que se puede nadar libremente usando la vestimenta común.

Hay hermosos bancos construidos sobre las calles de oro que se extienden a cada lado del río, y al rededor de ellos hay doce tipos distintos de frutos del árbol de vida. En Apocalipsis 22:2 leemos: *"En medio de la calle de la ciudad, y a uno y otro lado del río, estaba el árbol de la vida, que produce doce frutos, dando cada mes su fruto..."* Esto no significa que un fruto caerá, y que otro lo reemplazará cada mes, sino que los doce tipos de frutos están siempre ahí.

El fruto de vida es muy grande, al igual que el melón, pero tiene forma similar a la de una manzana que es rojiza y de hermoso color. Los doce frutos son ligeramente distintos en su brillo, tamaño, forma y sabor. Si alguien toma uno de estos frutos, un nuevo crecerá inmediatamente para reemplazarlo. Estos son más fragantes que cualquier fruto de este mundo y saben mejor de lo que las palabras humanas pueden describir; se derriten en la boca al igual que algodón de azúcar.

En una visión, Dios me mostró cierto día una escena del río del agua de vida. Los hijos de Dios estaban sentados en los bancos que estaban decorados con oro y piedras preciosas. Estaban compartiendo conversaciones placenteras unos a otros. Si ellos albergaban el deseo de comer del fruto de vida durante la conversación, los ángeles que les sirven podían leer sus mentes y les proporcionaban los frutos en cestas doradas. Se puede observar el río mientras se sienta en los bancos con un ser amado a su lado, o se puede tener diálogos amenos con ellos mientras se camina. ¡Cuán alegre será esta vida!

## Los animales y las plantas del Cielo

En el Cielo, el número de especies de animales, aves y peces es simplemente infinito. Hay algunos tipos que no existen en este mundo, así como también hay especies en la Tierra que no se encuentran en el Cielo. Los animales considerados como detestables según Levítico 11, no se encuentran en el Cielo.

Los animales del Cielo son ligeramente más grandes que los de este mundo y parecen ser un poco más majestuosos, pero al mismo tiempo tienen un temperamento muy manso y son obedientes. La piel de los mamíferos y las plumas de las aves emanan luces brillantes y una suave fragancia; incluso los leones no son feroces sino amables. El limpio pelaje y la melena dorada causan que observarlos sea algo maravilloso.

Los animales en el Cielo dan la bienvenida a los hijos de Dios y se regocijan cuando los ven, y de manera especial en la Nueva Jerusalén, habrá personas que recibirán animales como mascotas personales y otros incluso recibirán zoológicos como su recompensa. Los animales harán lindos trucos para complacer a sus amos. No se trata de que logran entender la mente de sus amos porque tienen alma, sino que, sencillamente, así como los ángeles obedecen las órdenes de Dios, los animales del Cielo, siendo seres espirituales, actuarán de modo casi automático a fin de ser amados por sus amos.

En el Cielo hay muchos tipos de plantas, entre ellas el árbol de vida, otros árboles frutales y flores. Las plantas de

121

este mundo obtienen sus nutrientes por medio de las raíces y mediante el proceso de fotosíntesis para producir una fuente de energía, pero en el Cielo estas vivirán por siempre sin estos procesos, sino únicamente con el poder de vida que Dios les dará. Las raíces de las plantas no absorberán nutrientes sino que simplemente revelarán las características de cada una. Claro está que las formas de las flores, su esencia y sus frutos podrán demostrar la distinción, pero las raíces serán también un medio de demostración de diferencias.

Las plantas en el Cielo emanan una fragancia única, fuerte y delicada a la vez. Hacen que sus ramas se sacudan o inclinen para expresar ciertas cosas y pueden moverse como si fueran ángeles danzando cánticos de alabanza. También pueden alabar a Dios al emanar sus fragancias en todo lo que les es posible.

Las hojas, flores y frutos jamás caen, ni siquiera con el paso del tiempo, y su aroma y colores jamás cambian. Si se saca una flor, otra la reemplazará de inmediato y lo mismo sucede con los frutos. Las flores que se recogen tampoco se marchitan y siempre mantienen su frescura. Si se desea mantener una flor, esta durará todo el tiempo que uno así lo desee. Si ya no se la desea, esta simplemente se disolverá y desaparecerá en el aire. Algunas flores producen esencias más fuertes cuando se las pulveriza, y si se lo desea, se las puede guardar en una botella por todo el tiempo que sea posible.

Cada planta tiene su propia esencia única; un olor fresco, suave y delicado. La fragancia en cada morada celestial tiene significados diferentes. Por ejemplo: las rosas en el Paraíso son simplemente una de las tantas flores existentes ahí, pero en la casa de un individuo en la Nueva Jerusalén, el corazón del propietario estará inmerso en la fragancia de las rosas de su hogar. Cuando lleguen visitas, las rosas emanarán un olor particular para el invitado, a fin de expresar el corazón del propietario de la casa. Las rosas en las diversas casas de la Nueva Jerusalén emanarán distintos tipos de fragancias.

Así también, algunas de las plantas de la Nueva Jerusalén no estarán presentes en otras moradas celestiales. El número del tipo de flores disminuirá al descender desde la Nueva Jerusalén hasta el Paraíso. De igual manera, la libertad de usar personalmente las flores es cada vez más limitada. La comodidad de sentarse sobre el césped y su color difiere también en cada morada celestial.

Todo en el Cielo, incluyendo animales y plantas, está preparado por Dios para Sus hijos salvos. A los hijos verdaderos de Dios que vivieron en este mundo únicamente según Su voluntad, se les dará todo lo que deseen en el Cielo.

## Vida cultural en el Cielo

Dios ha creado una variedad de instalaciones recreacionales en cada morada celestial para proporcionar a Sus hijos gran gozo y felicidad. Estas son incomparablemente más grandes que los parques de diversiones más grandes de este mundo y tienen muchas cosas muy emocionantes.

Ya que en el Cielo estaremos en nuestro cuerpo celestial

perfecto, no tendremos temor; no nos sentiremos atemorizados de juegos tales como la 'Montaña rusa', sino que solo nos deleitaremos en ellos. Aparte de los parques de atracciones, hay muchas cosas más para el entretenimiento, recreación y para disfrutar. En el Cielo también podremos tener aficiones para mejorar los talentos, tal como hacemos en este mundo.

Podremos disfrutar de las cosas de las que disfrutamos en la Tierra. Es más, si hay cosas de las que nos abstuvimos para poder llevar a cabo la obra de Dios, disfrutaremos de ellas todo cuanto nos sea posible. También aprenderemos cosas nuevas. Por ejemplo: aprenderemos a tocar instrumentos musicales tales como el violín, la flauta o el arpa. En el Cielo todos serán sabios y excelentes, de modo que aprenderán a ejecutar los instrumentos con rapidez.

Los deportes del Cielo excluyen cualquier juego que pueda herir o lastimar a los demás y también existirán las reglas para cada juego. Podremos tener deportes en equipo, tales como el voleibol, baloncesto, fútbol o béisbol. También habrá juegos más individuales, como el tenis, esquí, golf, bolos y natación. Podremos también disfrutar de alas delta, windsurf, vela o paseos en bote. Las instalaciones y equipos serán libres de accidentes y estarán decorados con oro y piedras preciosas para aumentar nuestro gozo.

El Cielo no será un lugar donde se obtendrá placer al ganar una competencia. Se sentirá placer y satisfacción tan solo con el hecho de poder practicar deportes. Usted quizás pregunte: ¿Cuál es el significado de jugar sin que haya ganadores? Sin embargo, debido a que no hay maldad en el Cielo, el hecho de ganar un juego será para producir más placer y beneficios a los demás.

Claro está que también habrá juegos en los que se obtendrá placer por competencia con buena fe. Por ejemplo: la gente inhalará toda la fragancia de las flores que les sea posible, y la exhalarán frente a otras personas. Los puntajes se otorgarán según la magnitud en la que se agrade a Dios al exhalar la fragancia, o de acuerdo a cuán bien se mezcla los muchos tipos de aromas. Es una competencia respecto a cuánto placer se causa a los demás, y esto también es agradable ante los ojos de Dios. En el Cielo hay también muchos otros tipos de entretenimientos que son más divertidos que cualquier cosa en este mundo. Estos no causan cansancio al igual que los juegos de acción o de video, y uno jamás se aburrirá.

En el Cielo podremos también ver películas. En los teatros podremos ver eventos monumentales que tomaron lugar durante el curso del Cultivo de la humanidad: la Creación, el Diluvio, el Éxodo, el Ministerio de Jesús, la Providencia de la cruz, las poderosas obras del Espíritu Santo en los tiempos finales y las historias de cada uno de los patriarcas de la fe; todo esto se mostrará en películas.

Por ejemplo: se podrá ver la película sobre la vida entera del Apóstol Pablo; de qué manera conoció al Señor y cómo dedicó su vida entera con su amor por Él. Se podrá aprender los detalles que no están registrados en la Biblia. Veremos la vida de Pablo como si estuviésemos con él en persona en eventos tales como la grave persecución, acto que sobrepasó los límites de la paciencia humana. Podrá experimentar su encarcelamiento en Filipos y el momento de gratitud y alabanza a Dios incluso al encontrarse en el mar tras un naufragio. ¡Cuán emocionante será todo esto!

## El transporte en el Cielo

En el reino celestial podremos visitar lugares misteriosos y hermosos. Habrá escenarios únicos, que nos robarán el aliento, en todo lugar al que vayamos. Ya que estaremos en nuestro cuerpo celestial perfecto, no nos cansaremos luego de viajar por un largo tiempo. El corazón del espíritu es inmutable, por lo que nunca nos aburriremos, ni siquiera cuando visitemos un mismo lugar.

Habrá diversos medios de transporte para viajar, entre ellos los medios públicos tales como los trenes celestiales. Habrá transporte de propiedad privada como los automóviles tipo nube y el carruaje de oro. Los trenes celestiales están decorados con piedras preciosas brillantes en colores diversos, y estas proporcionan la mayor comodidad a los pasajeros. Será un deleite observar los paisajes fuera de las ventanas. Cuando los creyentes en el Paraíso sean invitados a la Nueva Jerusalén, irán en el tren celestial, el mismo que puede volar por los aires a una velocidad muy alta.

Cuando hablamos del automóvil de nube, este no está hecho de vapor como su nombre lo sugiere, sino de la nube de gloria, lo que incrementa la belleza de la vida celestial. Cuando se conduce el automóvil de nube, hace que los demás sientan dignidad y autoridad. Cuando el Señor regrese nuevamente, Él vendrá en las nubes (1 Tesalonicenses 4:16-17; Apocalipsis 1:7). Esto se debe a que se verá más digno, honroso y hermoso el venir sobre las nubes de gloria.

Dios otorgará el automóvil tipo nube a aquellos que vayan al Tercer Reino de los Cielos, o niveles superiores. En el Tercer Reino de los Cielos, los automóviles serán de uso público, pero en la Nueva Jerusalén serán para uso privado. En este sentido, el acto de poseer un vehículo tipo nube para sí mismo demostrará la gloria del propietario.

Los que estén en la Nueva Jerusalén también podrán viajar con el Señor en automóviles tipo nube, los mismos que son, por lo general, conducidos por ángeles. Algunos de ellos son vehículos pequeños para pocos pasajeros, mientras que otros son grandes y tienen asientos para muchos pasajeros. El diseño, color y decoración también varían; también hay un automóvil hecho de pequeños pedazos de nubes. Este es usado para distancias cortas; transporta una persona y la deja gentilmente en su destino, por ejemplo, el carrito de golf que se usa cuando se practica este deporte.

## Servicios de adoración y educación en el Cielo

En el Cielo también vamos a asistir a cultos de adoración en los que Dios mismo predicará los mensajes. Vamos a aprender sobre el mundo espiritual en detalle, incluyendo el origen de

Dios, el principio del tiempo y la eternidad. También tendremos tiempo para escuchar al Señor; hablaremos con Dios, el Señor y el Espíritu Santo, y esta será la oración en el Cielo. Además alabaremos a Dios con nuevos cánticos.

En el Cielo, si usted debe visitar un lugar que está en un nivel superior que su morada, debe cambiarse de ropa y vestirse de acuerdo al lugar y a la ocasión. El servicio de adoración que se dará en la Nueva Jerusalén se transmitirá en todo lugar de modo que cada persona podrá asistir desde el lugar en el que se encuentre en el Cielo. Sin embargo, para esto no habrá necesidad de contar con equipos complicados. Los ángeles desplegarán algo semejante a una gran pieza de tela que será la pantalla de video. Las luces y el color se ajustarán automáticamente a cada morada para que puedan ver el video de manera vívida, lo que les hará sentir que están en el lugar en cuestión.

La razón por la que se tiene que ajustar las luces en cada morada es porque si se transmite la luz de Dios tal como es, los que están en el Tercer Reino de los Cielos y niveles inferiores, no podrán verlo directamente porque Su luz es muy resplandeciente. Los que están en el Segundo Reino y en niveles inferiores ni siquiera podrán levantar la cabeza para mirar el rostro de nuestro Padre Dios en la pantalla ya que su consciencia no se lo permitirá.

Y será de la misma manera particularmente para los del Paraíso, quienes han recibido la 'salvación vergonzosa'. Estos no lograrán siquiera ver la pantalla del video por causa de la vergüenza y los sentimientos de humillación. Además de los servicios de adoración en los que Dios predicará, se podrá invitar al Señor, al Espíritu Santo y a los patriarcas de la fe como Moisés y Pablo para que prediquen también.

Continuamente aprenderemos cosas nuevas incluso después de ir al Cielo. El reino de los Cielos es infinito, por lo que no importará cuánto estudiemos ya que no podremos aprender todo acerca de Dios el Creador quien existe desde antes y por toda la eternidad. Es difícil entender a plenitud la profundidad de Dios quien gobierna sobre todo en el universo. Sentiremos que el Cielo está lleno de cosas que en realidad debemos aprender, pero el aprendizaje en el Cielo, a diferencia de este mundo, será lleno de gozo. Entenderemos todo el momento que lo aprendemos y jamás olvidaremos lo que hemos comprendido, por lo que no habrá nada difícil en el aprendizaje. Además, no solo escucharemos discursos, sino que habrá programas tridimensionales que nos ayudarán a entender todo.

Imagine la voz original de Dios diciendo: "Que sea la luz", lo que resuena por todo el universo mientras se forma la luz y se separan las luces, y todo esto toma lugar frente a nuestros ojos. Imagine también que puede ver la formación de las expansiones cuando las aguas se separan. ¡Cuán grandioso y magnífico será esto!

## Varios banquetes en el Cielo

Los diversos banquetes en el Cielo se pueden considerar la culminación del gozo de la vida celestial. Estos nos permitirán sentir la abundancia, libertad, belleza y gloria del Cielo a simple vista ya que en estos eventos podremos ver actuaciones o danzas especiales junto a nuestros seres amados, mientras vestimos nuestros mejores atuendos y accesorios decorativos. Aunque no sepamos danzar bien en este mundo, en el Cielo aprenderemos a hacerlo rápido y bien.

Incluso en este mundo, cuando se está lleno de la inspiración del Espíritu Santo quizás se ingrese en un estado en el que se exprese nuevas lenguas y un cántico nuevo. Entonces las manos y los brazos comienzan a moverse automáticamente a ritmo para danzar y alabar a Dios. En el Cielo, con el cuerpo celestial perfecto, cualquiera podrá danzar de manera hermosa ante todo tipo de música. Uno podrá incluso glorificar a Dios con un solo de danza.

Hay muchos tipos de fiestas en el Cielo, y los tamaños y niveles son distintos en cada morada. En la Nueva Jerusalén hay banquetes que se dan en el nombre de Dios la Trinidad, otros en el nombre de Dios el Padre, Dios el Hijo y Dios el Espíritu Santo respectivamente. En algunas ocasiones todas las personas de todas las moradas serán invitadas a participar en el banquete que se ofrecerá en el nombre de Dios la Trinidad.

Por ejemplo, después del Juicio del Gran Trono Blanco, se nos otorgarán las respectivas moradas en el Cielo y luego se dará el primer banquete en la Nueva Jerusalén. Dios invitará a todos los ciudadanos del reino celestial a este banquete. Todos los que estén en la Nueva Jerusalén y en el Tercer Reino de los Cielos podrán asistir, pero en el caso del Segundo y Primer Reino, así como del Paraíso, únicamente asistirán sus representantes.

Cuando las personas de las demás moradas lleguen al banquete realizado en la Nueva Jerusalén, tendrán que cambiarse sus vestidos y decoraciones para que se acoplen al lugar. Esto se debe a que la luz de los cuerpos celestiales es distinta en cada morada. Una vez que se vistan con la ropa adecuada para la Nueva Jerusalén podrán adaptarse al lugar y estarán aptos para el banquete a darse ahí.

Habrá áreas designadas para que las personas puedan cambiarse de ropa; habrá muchos tipos de ropa preparada para ellos. Los ángeles les ayudarán a cambiarse el atuendo que se haya seleccionado, pero los que son del Paraíso tendrán que hacerlo por sí mismos, sin la ayuda de los ángeles. Una vez que usen las ropas radiantes de la Nueva Jerusalén, serán conmovidos por la inexpresable gloria y se sentirán indignos porque será un atuendo que usarán sin haberse ganado el privilegio de hacerlo.

A diferencia de las vestiduras, en la Nueva Jerusalén las coronas no estarán preparadas, sino que cada individuo deberá llevar su propia corona. Las coronas del Tercer Reino de los Cielos son muy distintas a las de la Nueva Jerusalén y hay una marca pequeña y redonda en la esquina derecha de la corona. Los que corresponden al Segundo y al Primer Reino de los Cielos y al Paraíso usarán un símbolo redondo en la parte izquierda de su pecho, por lo que se los distinguirá fácilmente de aquellos que están en la Nueva Jerusalén o en el Tercer Reino de los Cielos. Los del Segundo y Primer Reino de los Cielos se pondrán sus coronas para asistir a los banquetes, pero los del Paraíso no tendrán una corona, así que no usarán ninguna.

## Los banquetes de las diferentes moradas

Los ángeles por lo general se encargan de las decoraciones, ujieres, servicio de comida y todos los demás aspectos de la preparación de las celebraciones celestiales. Al igual que los aviones que tienen servicios diversos de acuerdo a la clase de viaje, el nivel del servicio y todas las preparaciones de los banquetes serán distintas en cada morada celestial.

Si decimos que los banquetes de la Nueva Jerusalén son celebraciones ofrecidas por la familia real o noble, entonces los banquetes del Paraíso se pueden comparar con una fiesta que los campesinos pobres tienen con sus vecinos. Pero es tan solo una alegoría y no significa que los banquetes en el Paraíso son de mal aspecto y poco preparados. Tan solo significa que hay una gran diferencia entre los banquetes de la Nueva Jerusalén y los del Paraíso.

Los banquetes en el Paraíso no son ofrecidos por ningún individuo sino que son para el público en general o para ciertos grupos. No habrá ángeles de servicio, así que las personas tendrán que prepararlo todo por sí mismos. Sin embargo, en el Paraíso no hay maldad sino bondad y amor únicamente, de modo que todos prepararán todo con gozo y felicidad. Todos se servirán unos a otros con consideración, por lo que disfrutarán al máximo de los preparativos. De hecho, será un tipo de felicidad que jamás hemos sentido ni siquiera en la fiesta más lujosa de este mundo. ¡Cuán grande será la felicidad y la dicha de los banquetes en la Nueva Jerusalén!

## Interpretaciones

Los cánticos y danzas son una parte vital de los banquetes en el Cielo, al igual que en la Tierra. Ángeles hermosos danzas de manera elegante o ejecutan instrumentos musicales y cantan alabanzas. También hay artistas que alaban o ejecutan instrumentos junto con los ángeles. Las alabanzas, danzas e instrumentales ejecutados por los ángeles son impecablemente bellos y con mucha habilidad. No obstante, Dios acepta algo mucho más agradable que las actuaciones de los ángeles: las alabanzas, danzas y ejecución instrumental de Sus hijos ya que las ofrecen con entendimiento del corazón de Dios y con su amor por Él.

Así también, en la Nueva Jerusalén hay tipos especiales de salones de eventos; hay unos grandes y maravillosos que son mucho más grandes y hermosos que el Carnegie Hall o el Madison Square Garden en Nueva York, o la Casa de la Ópera en Sídney, en la que se ofrecen constantes actuaciones. Estos no son para que los artistas demuestren sus habilidades, sino solo para glorificar a Dios y producir gozo y felicidad al Señor y a las demás personas.

En general, los artistas suelen ser los que han sido artistas en este mundo, y a veces representan lo que hacían en la Tierra. También hay personas que deseaban participar en las actuaciones de este mundo pero no lo lograron, y aprenden nuevos cánticos de alabanza y danza en el Cielo, y ahí las presentan.

En la medida en que los artistas se han santificado, pueden

presentarse de modo exclusivo en la Nueva Jerusalén, en el Tercero y Segundo Reino de los Cielos, o en el Primer Reino de los Cielos. Los cantantes, bailarines y ejecutantes de instrumentos musicales de la Nueva Jerusalén son los intérpretes de primera clase que son amados por toda persona en el Cielo. Todos podrán ver sus interpretaciones porque los banquetes o las actuaciones desarrolladas en la Nueva Jerusalén en el nombre de Dios la Trinidad se transmitirán en vivo a todas las moradas celestiales.

La pantalla de video se desplegará en el aire a la altura más cómoda para los ojos, de modo que al ver el video se sentirá como que están en el lugar en cuestión. De este modo las personas de las demás moradas celestiales podrán ser conmovidas por los banquetes o las interpretaciones que se den en la Nueva Jerusalén, y al igual que las celebridades a las que siguen los muchos aficionados en este mundo, hay ángeles encargados de elogiarlos y seguirlos. Los llaman 'Maestros' e intentan complacerlos y causarles felicidad y gozo.

### Ser amados y adorados por innumerables ángeles

Hay una mujer en la Nueva Jerusalén quien disfruta de gran honor; innumerables ángeles la siguen ya que es quien ha cultivado un corazón perfecto en espíritu en este mundo: es María Magdalena. Ella usa un vestido resplandeciente que llega hasta el piso y tiene el cabello que le llega hasta la cintura. Ella es deslumbrantemente hermosa con su corona en la cabeza.

María Magdalena cultivó la bondad perfecta mientras vivía en este mundo y su forma espiritual emana una luz resplandeciente de gloria. Su voz está llena de humildad y es tan suave como el sonido de una pequeña corriente de agua. Cuando habla se percibe el aroma de su humildad y bondad y todos los ángeles y personas se conmueven ante sus palabras. Por esto, a veces los ángeles alrededor de María Magdalena hacen un círculo para elogiar el aroma de su bondad.

Ella cuenta con una posición muy honrosa para que pueda ver a Dios en todo tiempo, por lo que uno puede sentir el corazón, la dignidad y la luz de la gloria de Dios con solo verla a ella. Ahora, ¿cómo llegó María Magdalena a tener una posición de tanta honra?

Ella fue sanada de muchas enfermedades y fue liberada del poder de las tinieblas cuando tuvo un encuentro con el Señor. Desde entonces sintió gratitud por la gracia del Señor y lo sirvió sin cambiar su actitud. Cuando Jesús fue crucificado, muchas personas que le seguían lo abandonaron, pero ella tenía un corazón tan firme que se mantuvo con Jesús hasta Su muerte e incluso visitó Su tumba. Eventualmente llegó a permanecer cerca al trono de Dios en la Nueva Jerusalén.

Dios desea compartir Su amor eterno con Sus hijos verdaderos que han cultivado un corazón hermoso lleno de bondad al igual que María Magdalena, y quiere recibir sus alabanzas.

En Isaías 43:21, Dios dice: *"Este pueblo he creado para mí; mis alabanzas publicará"*. Lo que Dios desea no son solamente lindas voces, hermosas coreografías o sonidos sorprendentes de instrumentos musicales, sino que anhela las alabanzas que provienen de los corazones veraces y buenos. A veces, Dios también canta. Con una hermosa melodía y ritmo Él canta acerca de las cosas sorprendentes que Su Hijo unigénito, Jesús, ha hecho o las extraordinarias obras manifestadas por el Espíritu Santo.

Nadie puede imitar Su voz al cantar; es tan hermosa que todos quedarán totalmente cautivados con solo escucharla una vez. Es a la vez una voz tan fuerte que puede sacudir el mundo entero, pero no todos en el Cielo podrán escucharla. Únicamente la podrán escuchar los que estén cerca del trono de Dios en la Nueva Jerusalén. Por consiguiente, se anhela que nosotros alcancemos el nivel del Espíritu Completo, que alabemos a Dios en el reino eterno de los Cielos y que alcancemos una posición gloriosa en la que podamos incluso escuchar el canto de Dios.

# Parte 3

# Trascendiendo los límites humanos

---

### Experimentando el espacio de Dios
### Viendo a Dios quien es Luz

"De cierto, de cierto os digo:
El que en mí cree, las obras que yo hago, él las hará también;
y aun mayores hará, porque yo voy al Padre".
- Juan 14:12

## Capítulo 1
# El espacio de Dios

A diferencia del espacio físico, el espacio de Dios no tiene límites.
Una vez que llegamos a ser verdaderos hijos de Dios,
podemos trascender los límites humanos con el ilimitado poder de Dios.
En el espacio de Dios, las cosas se pueden crear de la nada,
los muertos pueden regresar a la vida y todo lo que Dios albergue en
Su corazón se hará. En este espacio no hay nada imposible.

Cómo poseer el espacio de Dios

Las obras de creación toman lugar en el espacio de Dios

Las obras que trascienden el espacio y el tiempo

Experimentando el movimiento por los espacios

El amor que trasciende la justicia

El espacio es una extensión o expansión de una superficie o área tridimensional. Se puede referir también a la extensión infinita de la región tridimensional en la que toda la materia existe. Actualmente existe un espacio cibernético que es creado por las computadoras. Este está abierto a toda persona, pero estas pueden hacer uso de él en medidas distintas dependiendo de su conocimiento y habilidad con las computadoras. De la misma manera, podemos usar el espacio de Dios y experimentar cosas sorprendentes registradas en la Biblia en la medida en que comprendamos y usemos el espacio de Dios.

El espacio espiritual no es algo en el fin del universo; está muy cercano a nuestro espacio físico. Tal como podemos ver hacia afuera cuando abrimos las ventanas de nuestra casa, podemos ver el espacio espiritual si se abre la puerta del reino espiritual.

En la Biblia podemos leer acerca del Señor resucitado que asciende a los Cielos ante los ojos de muchos discípulos. Hechos 1:9 dice: *"Y habiendo dicho estas cosas, viéndolo ellos, fue alzado, y le recibió una nube que le ocultó de sus ojos"*. Jesús fue a los Cielos a través del espacio espiritual que se abrió más o menos a la altura de donde estaban formadas las nubes. Si entendemos el espacio espiritual con claridad, podemos tener respuestas a muchos pasajes difíciles de la Biblia y también podemos tener fe y esperanza perfectas en el Cielo.

Todo apunta a que todos los hombres no tienen otra opción más que vivir de acuerdo a sus limitaciones de tiempo y espacio, pero pueden superarlas si llegan a ser hijos verdaderos de Dios. Incluso los espíritus malignos no podrán tocarnos y eventualmente iremos al reino de los Cielos ubicado en el tercer cielo, donde ni siquiera Adán, el espíritu viviente, pudo vivir. Además experimentaremos el poder ilimitado de Dios que pertenece al cuarto cielo. *"Y por cuanto sois hijos, Dios envió a vuestros corazones el Espíritu de su Hijo, el cual clama: ¡Abba, Padre! Así que ya no eres esclavo, sino hijo; y si hijo, también heredero de Dios por medio de Cristo"* (Gálatas 4:6-7).

## El espacio y la dimensión ante los ojos de Dios

Tal como se menciona en la primera parte, el 'vasto espacio del reino espiritual', después de que Dios planeó el Cultivo de la humanidad, Él dividió el único espacio original con diferentes dimensiones. En general dividió el espacio en cuatro cielos, desde el primero hasta el cuarto. El primer cielo es una porción muy pequeña en comparación con el espacio original y único. Cuando Dios creó diferentes espacios con diferentes dimensiones, Él estableció un principio entre ellos, el cual dicta que las dimensiones superiores pueden sojuzgar y señorear sobre las inferiores, las mismas que deben someterse a las superiores.

El primer cielo, que es el universo físico incluyendo la Tierra, el sol, la luna y las estrellas que vemos, es la primera dimensión. Este es un mundo físico, por lo que las cosas cambian, perecen o mueren. La segunda dimensión es un espacio en el segundo cielo. El segundo cielo está generalmente dividido en el área de luz y el área de tinieblas. En el área de luz está el Edén (donde está ubicado el Huerto del Edén). Junto al Edén está el área de las tinieblas donde los espíritus malignos mantienen la autoridad del aire.

La tercera dimensión es el reino celestial, el tercer cielo. Este es el lugar en el que los hijos salvos de Dios vivirán por siempre. Al centro de la Nueva Jerusalén, la cual alberga el trono de Dios, hay diversas moradas que se diferencian según la medida de la fe de cada individuo. La cuarta dimensión es el cuarto cielo y es el espacio en el donde existía el Dios original como luz y voz. Este es el lugar desde el que Dios la Trinidad señorea todo (el tercero, segundo y primer cielo) mientras demuestras las obras de creación que trascienden el tiempo y el espacio.

Este misterioso espacio de cuatro dimensiones es el espacio de Dios. Es donde existía el Dios original y es un lugar muy hermoso. Nadie puede entrar en esta área excepto Dios la Trinidad y pocas personas que tienen permiso especial de parte de Dios.

El espacio de Dios es un espacio sin fin en el que Él puede hacer desaparecer las cosas que existen y crear cosas de la nada. Las substancias pueden existir en cualquier forma como materia líquida, sólida o gaseosa. Únicamente quienes cumplan con los requisitos adecuados podrán entrar en esta área. Examinemos ahora este misterioso y maravilloso espacio de Dios.

## El corazón de Dios es el espacio de Dios

El espacio donde Dios existía antes de los tiempos es un reino espiritual invisible a nuestros ojos. Era un espacio grande y en ese entonces el reino espiritual y el mundo físico no estaban divididos. Dios existía como la luz hermosa y brillante que contenía la voz resonante. Él se movía por todo el universo y señoreaba todo por Sí mismo.

El Dios original abrigaba el universo entero en Su corazón, en otras palabras, todo el espacio del universo estaba contenido en Su corazón. Permítame darle una ilustración para que comprenda mejor lo que es 'abrigar el espacio en el corazón'. Si usted puede recordar su ciudad natal, puede visualizar una imagen de ella y quizás se pregunte cómo se ve al momento. O si piensa en alguien a quien ama y recuerda el tiempo que estuvo con esa persona, su mente estará inmediatamente en el lugar que estuvo con aquella persona.

En el caso de Dios, Él puede estar en cualquier lado en el universo trascendiendo el tiempo y el espacio si tan solo lo abriga en Su corazón. Expresamos este rasgo de Dios al decir que Él es 'Omnipresente' y por causa de esta Omnipresencia Él puede abrigar todos los rincones del universo y señorear sobre todo.

Salmos 68:33 dice: *"Al que cabalga sobre los cielos de*

*los cielos, que son desde la antigüedad; He aquí dará su voz, poderosa voz".* 'Cabalgar sobre los cielos de los cielos' significa que Dios señorea por completo sobre todos los espacios, desde el primero hasta el cuarto cielo. Dice que Su voz es poderosa, sin embargo no está dentro del rango audible para nuestros oídos. Una vez que Dios habla con la voz original de la creación, todas las cosas le obedecerán y Su autoridad y dignidad sacudirán los cielos.

## Cómo poseer el espacio de Dios

Dios desea que Sus hijos amados también posean Su espacio y que señoreen sobre todos los espacios. No obstante, hay una condición para poder poseer este espacio ya que hay reglas de amor y justicia establecidas por Dios para el Cultivo de la humanidad. La justicia es la ley y los principios. Así como hay muchas leyes para la sociedad y reglas para el tránsito, también existe la Ley de Dios y esta es la justicia de Dios.

¿Qué significa entonces poseer el espacio? Es abrigar el espacio en el corazón por completo. Claro que abrigar el espacio de Dios en nuestro corazón no significa que podemos ser omnipresentes como Dios, sino significa, sencillamente, que cosas extraordinarias pueden tomar lugar al desplegar el espacio de Dios en este mundo físico.

Cuando Dios dividió los espacios, Él lo hizo de acuerdo a Su justicia y amor que son adecuados para cada espacio. Mientras avanzamos en las dimensiones, desde el primero, segundo, tercero y hasta el cuarto cielo, la dimensión de la justicia también se torna más amplia y profunda. Cada cielo se mantiene en orden sin errores. La razón por la que cada espacio tiene diferente dimensión de justicia se debe a que cada cielo tiene diferente dimensión de amor. El amor y la justicia no se pueden separar. Mientras más se profundiza la dimensión de amor, más profunda será también la justicia.

Cuando Jesús perdonó a la mujer que había cometido adulterio, lo hizo por amor que superó el nivel de justicia (Juan 8). Cuando la mujer fue sorprendida cometiendo adulterio, las personas que juzgaban según la justicia del primer cielo afirmaban que debían apedrearla de inmediato. Por otro lado, Jesús, teniendo la justicia del cuarto cielo, dijo: *"Ni yo te condeno; vete, y no peques más"* (Juan 8:11). Esto fue amor verdadero contenido en la justicia.

Podemos poseer el espacio de Dios y movernos libremente a través de todos los espacios únicamente cuando poseemos el amor y la justicia de Dios por completo. Entonces podemos también entender las reglas del reino espiritual y ver a través de todas las cosas que están ocurriendo en este mundo físico. Jesús murió en la cruz en lugar de los pecadores a pesar de no tener pecado en absoluto. Pero debido a que tenía el amor que sobrepasa la justicia, Él manifestó obras sorprendentes del poder de Dios tales como la sanidad de enfermedades incurables y el tranquilizar el viento y las olas. También podía leer los pensamientos y mentes de la gente que pertenecía a la primera dimensión.

Los que están en la primera dimensión están ligados a las limitaciones del tiempo y el espacio físicos. Pero después de aceptar a Jesucristo y nacer de nuevo por medio del Espíritu Santo, podemos ser liberados de estas limitaciones al punto de cultivar nuestro corazón para hacerlo un corazón espiritual. Si llegamos a ser hombres de espíritu y espíritu completo que corresponden a la tercera dimensión que es un reino espiritual, el enemigo diablo y Satanás que pertenece a la segunda dimensión tendrá temor de nosotros aunque estemos físicamente en la primera dimensión.

En Génesis 1:28 leemos también: *"Y los bendijo Dios, y les dijo: Fructificad y multiplicaos; llenad la tierra, y sojuzgadla, y señoread en los peces del mar, en las aves de los cielos, y en todas las bestias que se mueven sobre la tierra"*. Adán era un espíritu viviente. Él era un ser espiritual que vivía en el segundo cielo y tenía la autoridad para señorear sobre todo lo que está en el primer cielo.

De igual manera, si podemos tener la justicia y el amor de Dios que corresponden al cuarto cielo, podemos manifestar el poder de Dios que pertenece al cuarto cielo sobrepasando las limitaciones humanas. Es por esto que Jesús prometió en Juan 14:12: *"De cierto, de cierto os digo: El que en mí cree, las obras que yo hago, él las hará también; y aun mayores hará, porque yo voy al Padre"*.

## Las obras de creación toman lugar en el espacio de Dios

Podemos lograr cualquier cosa que anhelemos en el espacio de Dios. Sobre todo, habrá obras de creación. Cuando Dios hizo los cielos y la tierra y todo lo que hay en ellos, esta fue una obra de creación. Jesús también manifestó obras de creación ya que Él poseía el espacio de Dios. Uno de los mejores ejemplos es Su primera señal en Su ministerio, que fue la de convertir el agua en vino.

Cierto día Él fue a un matrimonio en el que se quedaron sin vino. La virgen María sintió lástima del anfitrión y le pidieron a Jesús que le ayudara. Al principio parecía que Él rechazó la petición de María, pero ella no se desalentó sino que le mostró su fe inmutable. Ella sabía bien quién era Jesús y que Él era más que capaz de convertir el agua en vino. María creía que ya había recibido la respuesta de parte de Jesús, así que le dijo a los siervos que hicieran todo lo que Jesús les dijera.

Jesús vio la fe de María y les dijo a los siervos que llenaran las tinajas con agua. Cuando los siervos llenaron las seis tinajas, Jesús les dijo que tomaran un poco y se lo llevaran al jefe de los camareros. Para cuando los siervos hicieron esto, el agua ya se había convertido en vino. Con solo albergar esto en el corazón, el agua de las seis tinajas se convirtió en buen vino.

En el espacio de Dios, una obra de creación como esta puede tomar lugar con solo desearla en el corazón. Claro está que Jesús mostró esta obra de creación cuando fue apropiado de acuerdo a la justicia de Dios y no en cualquier momento. Esta señal se hizo posible porque la fe perfecta de María fue suficiente para llenar la justicia de Dios.

Jesús alimentó a miles de personas con cinco panes y dos peces, y en otro momento lo hizo con siete panes y dos peces. ¿Cuál era la justicia de Dios requerida para esta señal? *"Y Jesús, llamando a sus discípulos, dijo: Tengo compasión de la gente, porque ya hace tres días que están conmigo, y no tienen qué comer; y enviarlos en ayunas no quiero, no sea que desmayen en el camino"* (Mateo 15:32).

Miles de personas permanecieron con Jesús durante tres días consecutivos deseosos de escuchar Sus mensajes. Escucharon a Jesús y se regocijaron juntos cuando los enfermos eran sanados. Su fe en Jesús era perfecta, por lo menos por ese momento. En base a esta fe, el amor de Jesús aumentó y esto alcanzó la justicia de Dios para hacer posible esta obra de creación.

## La viuda de Sarepta experimentó una obra de creación

En 1 Reyes 17 también se menciona una obra de creación similar a la anterior. Cuando Elías fue a Sidón y se encontró con la viuda de Sarepta en obediencia a la Palabra de Dios, ella estaba en la miseria. Por causa de una larga sequía, se quedaron sin alimentos. Ella tenía tan solo un puñado de harina y un poco de aceite. Elías le pidió que horneara pan con esa última porción de comida que tenía y le dio una palabra de bendición. *"Porque así dice el SEÑOR, Dios de Israel: No se acabará la harina en la tinaja ni se agotará el aceite en la vasija, hasta el día en que el SEÑOR mande lluvia sobre la faz de la tierra"* (1 Reyes 17:14).

Al escuchar esto, la viuda de Sarepta no puso excusa alguna sino que obedeció. Si aplicamos el sentido común notaremos que ella no estaba ante una condición de hacer lo que se le pedía sino de morir después de comer el último bocado de pan que tenía, y este hombre se lo estaba pidiendo. Ella podría haber pensado que era un desvergonzado, pero no lo hizo. Dios conmovió su corazón y le permitió saber que él era un hombre de Dios, así que obedeció lo que él le pidió.

¿Qué tipo de bendición recibió como resultado de ello? En 1 Reyes 17:15-16 leemos: *"Entonces ella fue e hizo conforme a la palabra de Elías, y ella, él y la casa de ella comieron por muchos días. La harina de la tinaja no se acabó ni se agotó el aceite de la vasija, conforme a la palabra que el SEÑOR había hablado por medio de Elías".*

En este caso, al hablar de 'muchos días' no se refiere a varios días simplemente, sino a un largo período de tiempo. El hecho de que la harina y el aceite jamás escasearan es una obra de creación. ¿Cómo pudo Elías manifestar esta obra de la creación que puede darse únicamente en el espacio de Dios?

Elías no poseía el espacio de Dios, pero por lo menos en ese instante, él leyó y recibió el corazón y voluntad de Dios de modo limitado. En este caso, al decir que leyó el corazón de Dios 'de manera limitada' respecto a algo, significa que lo leyó para cierto momento en el tiempo. A veces Dios permite que el hombre lea Su corazón para cumplir Su voluntad.

Eliseo recibió una doble porción de la inspiración de su amo, Elías, pero cuando Dios no le permitió entender, él ni siquiera sabía por qué la mujer sunamita estaba atribulada en su corazón. Ella dio a luz un hijo porque sirvió al hombre de Dios, a Eliseo, con todas sus fuerzas. Pero de repente su hijo murió y entonces ella acudió inmediatamente a Eliseo. Sin embargo, él no podía saber qué pasaba a menos que ella se lo dijera. *"Luego que llegó a donde estaba el varón de Dios en el monte, se asió de sus pies. Y se acercó Giezi para quitarla; pero el varón de Dios le dijo: Déjala, porque su alma está en amargura, y Jehová me ha encubierto el motivo, y no me lo ha revelado"* (2 Reyes 4:27).

Para poder leer el corazón de Dios y usar Su espacio, es crucial cultivar el corazón de espíritu completo para que confiemos en Dios y le obedezcamos por completo. La razón por la que profetas tales como Elías, Abraham, Moisés y Pablo usaron el espacio de Dios fue porque tenían el corazón del espíritu completo. Cuando Dios les ordenaba que hicieran algo, ellos comprendían la intención inmersa en esa orden; sentían de qué manera obraría Dios y podían visualizarlo en su mente, de modo que tenían confianza espiritual.

Elías valientemente proclamó al Dios vivo e hizo descender fuego del cielo porque sintió en su corazón lo que Dios haría. Lo mismo ocurrió cuando le pidió a la viuda de Sarepta que le diera su último bocado de pan. Si tenemos completa confianza en Dios, podemos obedecer incluso las cosas que no tienen sentido en absoluto, y al hacerlo, las cosas se darán como Dios las ha hablado. La obra de creación tomó lugar para la viuda porque tanto ella como Elías cumplieron la medida de justicia de Dios.

La viuda confiaba en el hombre de Dios, Elías, y creía en sus palabras como la Palabra de Dios en sí. Ella obedeció sus palabras sin dudar y sin usar los pensamientos humanos. De este modo, ella pudo participar del espacio de Dios que Elías estaba usando.

En 2 Crónicas 20:20 leemos: *"...Creed en Jehová vuestro Dios, y estaréis seguros; creed a sus profetas, y seréis prosperados"*.

Elías usó el espacio de Dios, el cual pertenece a Dios de modo exclusivo, al confiar plenamente en Él. La viuda confiaba en este Elías totalmente y, en consecuencia, el espacio de Dios descendió sobre ellos y ambos vieron la obra de creación. Tal como en el caso anterior, Dios cubre a las personas con Su espacio si estas se unen con fe y obediencia a hombres de Dios que usan el espacio de Dios.

### Los tres amigos de Daniel ilesos en el horno

Tres amigos de Daniel fueron arrojados a un horno solo

porque no quisieron inclinarse ante un ídolo. El horno se calentó siete veces más de lo normal; los soldados que se acercaron al horno para lanzar a los muchachos, murieron quemados. Obviamente, aquellos tres hombres, también debían haber muerto quemados. Pero, ¿qué pasó en realidad?

Daniel 3:24-25 dice: *"Entonces el rey Nabucodonosor se espantó, y se levantó apresuradamente y dijo a los de su consejo: ¿No echaron a tres varones atados dentro del fuego? Ellos respondieron al rey: Es verdad, oh rey. Y él dijo: He aquí yo veo cuatro varones sueltos, que se pasean en medio del fuego sin sufrir ningún daño; y el aspecto del cuarto es semejante a hijo de los dioses".*

Ciertamente eran tres los hombres que fueron lanzados en el horno, pero había cuatro hombres ahí. El rey pensó que uno de ellos era semejante a hijo de los dioses. Básicamente, la gente no puede ver a los seres espirituales, pero Dios abrió los ojos espirituales del rey y permitió que viera al ser espiritual que estaba en el horno. Después de que los tres hombres salieron del horno, la gente vio que el fuego no había tenido poder alguno sobre sus cuerpos, ni aun el cabello de sus cabezas se había quemado; sus ropas estaban intactas, y ni siquiera olor de fuego tenían (Daniel 3:27).

¿Cómo ocurrió esto? La razón por la que los tres amigos de Daniel fueron protegidos fue porque el espacio de Dios los cubrió. Podemos entender esto en el hecho de que 'un hombre semejante a hijo de dioses' estaba con ellos. Claro está que no son 'dioses', sino el único Dios, pero Nabucodonosor lo dijo así porque él creía en los dioses gentiles.

Entonces, ¿quién era este 'hijo de los dioses'? Era Dios el Espíritu Santo. Dios el Espíritu Santo mismo descendió sobre ellos y cubrió el espacio físico con el espacio de Dios.

## Moisés transformó el agua amarga de Mara en agua dulce

El capítulo 15 de Éxodo describe una escena en la que el agua amarga de Mara se transforma en agua dulce; este es también un evento realizado en el espacio de Dios. El pueblo de Israel cruzó el Mar Rojo y llegó al desierto donde no encontraban agua aun después de tres días. Encontraron agua en Mara, pero era amarga y no apta para beber. Entonces se quejaron contra Moisés. Cuando Moisés oró al respecto, Dios le mostró un árbol. Cuando lo lanzó en las aguas, estas se volvieron dulces. ¿Significa esto que el árbol tenía algunos elementos que podían cambiar el sabor del agua? ¡No! Dios cubrió el agua con el espacio de Dios y manifestó una obra de creación considerando la fe y obediencia de Moisés.

El mismo tipo de obra de creación se manifestó en nuestra iglesia también y glorificó grandemente a Dios. Yo oré en Seúl para que el agua salada de Muan se transformara en agua dulce, y la oración recibió una respuesta.

El agua era de un pozo en la Iglesia Manmin de Muan que está ubicada en Heje Myeon, Muan Goon, Provincia de Jeonnam.

Está completamente rodeado por el mar y, cuando abrieron el pozo, solo encontraron agua salada. Instalaron una tubería desde un lugar a tres kilómetros de distancia para obtener agua fresca, pero no obtenían lo suficiente. Los miembros de la Iglesia Manmin de Muan recordaron el milagro manifestado en Mara y creyeron que lo mismo podía ocurrirles, así que empezaron a orar por ello. Muchas veces me pidieron que fuera a Muan y que orara para que el agua salada se transformara en agua dulce.

En febrero del año 2000 me encontraba en un período de oración de diez días en la montaña, orando especialmente por la Iglesia Manmin de Muan. Durante este tiempo los miembros de la Iglesia Manmin de Muan también realizaron una cadena de ayuno y oración para orar por la iglesia y por mí, y observaron arco iris circulares sobre la iglesia cada día durante diez días.

Luego de terminar mi tiempo de oración en la montaña, fui inspirado por el Espíritu Santo para orar por la transformación del agua salada en agua dulce. Yo no fui a Muan para orar por los pozos en persona, sino que Dios obró trascendiendo el tiempo y el espacio para cambiar el agua salada en agua dulce.

Mi oración y la fe de los miembros de la Iglesia Manmin de Muan llenó la justicia de Dios e hizo posible esta obra de la creación. Incluso hoy, en el pozo de la Iglesia Manmin de Muan sigue brotando el agua dulce. Esto se debe a que está cubierto con el espacio de Dios el Creador. El Agua Dulce de Muan fue evaluada por la Asociación de Drogas y Alimentos de los Estados Unidos y se comprobó que es saludable y rica en minerales. Hay también tantas obras de sanidad tomando lugar gracias al agua, al punto que la procesión de peregrinos a la iglesia jamás se detiene.

## Los muertos reviven

El espacio de Dios no solo puede mostrar la obra de creación sino también controlar la vida y la muerte. Puede dar vida a los muertos o matar a quienes viven. Esto es para cualquier cosa que tenga vida, sean plantas o animales.

En el capítulo 17 de Números se escribe acerca de la vara de Aarón que floreció. Esto se hizo posible ya que estaba cubierta con el espacio de Dios. La vara seca había reverdecido, y echado flores, y arrojado renuevos, y producido almendras, todo en un lapso de un día. Un árbol vivo habría requerido meses para hacer esto, pero todo se dio en un día; la vara seca produjo frutos y esto se dio ya que estaba cubierta con el espacio de Dios.

Cuando Jesús maldijo a la higuera, esta pronto murió; esto también ocurrió porque estaba cubierta con el espacio de Dios. *"Y viendo una higuera cerca del camino, vino a ella, y no halló nada en ella, sino hojas solamente; y le dijo: Nunca jamás nazca de ti fruto. Y luego se secó la higuera. Viendo esto los discípulos, decían maravillados: ¿Cómo es que se secó en seguida la higuera?"* (Mateo 21:19-20)

Este es el caso repetido con relación a Lázaro, a quien Jesús hizo volver de la muerte. En Juan 11 leemos que Lázaro había estado muerto por cuatro días y su cuerpo olía mal. Pero cuando Jesús lo llamó, su espíritu regresó a él y su cuerpo en descomposición se regeneró. Incluso lo imposible del espacio físico se hace posible en un instante en el espacio de Dios.

Había un adolescente en nuestra iglesia quien perdió por completo la visión en uno de sus ojos, pero esta fue restaurada. Se le hizo una cirugía de catarata en su ojo izquierdo a la edad de tres años, pero como un efecto secundario quedó con uveítis grave y desprendimiento de la retina. Su retina se desprendió de la pared ocular y no podía ver bien. Para empeorar las cosas, él también tenía ptisis bulbi o reducción del globo ocular. Eventualmente, en el año 2006, perdió totalmente la visión del ojo izquierdo.

Pero en julio de 2007, él recuperó su visión gracias a la oración. Su ojo izquierdo ni siquiera era sensible a la luz, pero llegó a tener una visión de 0,1. Su ojo reducido también recuperó el tamaño normal. Además, su ojo derecho solía tener visión de 0,1, pero mejoró a 0,9. Este caso se presentó junto a la documentación médica ante más de 220 médicos provenientes de 41 países durante la 5.a Conferencia Médica Cristiana Internacional desarrollada en Noruega y fue destacado como uno de los casos más sorprendentes entre los muchos casos presentados en el evento.

El principio se aplica a los demás órganos, tejidos o nervios. Aunque los nervios o células o tejidos estén muertos por causa de accidentes o enfermedades, pueden tornarse normales si son cubiertos por el espacio de Dios. Incluso las discapacidades pueden recuperarse en el espacio de Dios. Además, las enfermedades que son causadas por gérmenes o virus, tales como el cáncer, SIDA, tuberculosis, resfriados o fiebre, se pueden curar en el espacio de Dios.

En el caso de enfermedades, el fuego del Espíritu Santo desciende y quema los gérmenes y virus primero. Luego, la parte del cuerpo que está dañada por causa de la enfermedad, se recupera. Incluso en el caso de parejas infértiles, si la parte del cuerpo que tiene problemas está cubierta con el espacio de Dios y se recupera, puede tener éxito en la concepción. Pero para ser sanado de enfermedades y debilidades en el espacio de Dios, cada uno debe cumplir con las calificaciones de la justicia de Dios.

## Las obras que trascienden el espacio y el tiempo

Las obras de poder manifestadas en el espacio de Dios se pueden dar trascendiendo las limitaciones del tiempo y el espacio. Esto es posible porque el espacio de Dios sojuzga y trasciende otras dimensiones. En Salmos 19:4 dice: *"Por toda la tierra salió su voz, y hasta el extremo del mundo sus palabras. En ellos puso tabernáculo para el sol"*. Esto significa que la Palabra de Dios hablada desde el cuarto cielo se extiende hasta los confines del mundo.

Incluso una gran distancia en el primer cielo, el espacio físico, es prácticamente lo mismo que ninguna distancia en el espacio de Dios. La luz viaja alrededor de la Tierra a una velocidad de siete y medio veces por segundo. Pero la luz del poder de Dios puede alcanzar no solo los confines de la Tierra sino también el final del universo en un abrir y cerrar de ojos. La distancia física no tiene ningún sentido en el espacio de Dios.

En el octavo capítulo de Mateo, un centurión se acercó a Jesús y le pidió que sanara la enfermedad de uno de sus criados. Pero el centurión respondió con fe: *"Señor, no soy digno de que entres bajo mi techo; solamente di la palabra, y mi criado sanará"* (verso 8). Entonces Jesús le respondió: *"Ve, y como creíste, te sea hecho. Y su criado fue sanado en aquella misma hora"* (verso 13).

Una persona enferma fue sanada estando en otro lugar cuando Jesús lo ordenó con Su Palabra porque Él poseía el espacio de Dios. El centurión pudo recibir aquella bendición porque mostró completa fe en Jesús quien a la vez elogió su fe, diciendo: *"De cierto os digo, que ni aun en Israel he hallado tanta fe"* (verso 10).

A aquellos hijos que están ligados a Él con fe, Dios les muestra siempre las obras de Su poder que trasciende el tiempo y el espacio. En Pakistán, Cynthia estaba muriendo por causa de una obstrucción intestinal y la enfermedad celíaca. En aquel entonces, la hermana de Cynthia se encontraba en Corea y me llevó la fotografía para que recibiera mi oración sobre ella. La sanidad se dio trascendiendo los límites del tiempo y el espacio. En los Estados Unidos, Robert Johnson también recibió sanidad que trasciende el tiempo y el espacio. Él se fracturó el tendón de Aquiles en una caída, y no podía caminar por causa del intenso dolor. Se le dijo que era necesaria una cirugía para que sanara, pero con solo usar un vendaje de fibra de vidrio se recuperó por completo sin el procedimiento quirúrgico en tan solo nueve semanas gracias a la oración ofrecida por él en Corea. Esta fue una obra del poder de Dios manifestada en el espacio de Dios.

## Las obras extraordinarias del Apóstol Pablo

En Hechos 19 leemos que Dios hacía milagros extraordinarios por mano de Pablo. Cuando él ordenaba en el nombre de Jesucristo, los espíritus malignos y las obras de sanidad tomaron lugar aun con los pañuelos y delantales que él había tocado. La mordida de una serpiente venenosa no le causaba daño, y también profetizaba. *"Y hacía Dios milagros extraordinarios por mano de Pablo, de tal manera que aun se llevaban a los enfermos los paños o delantales de su cuerpo, y las enfermedades se iban de ellos, y los espíritus malos salían"* (Hechos 19:11-12).

De igual manera, las obras poderosas de Dios pueden tomar lugar por medio de objetos tales como los pañuelos en el espacio de Dios. ¡Cuán extraordinario! Muchas obras de sanidad se están dando también por medio de los pañuelos sobre los que yo he orado. El poder de Dios jamás desaparece ni se extingue independientemente del paso del tiempo y siempre y cuando no se quebrante la justicia de Dios. Por consiguiente, los pañuelos que contienen el poder de Dios son algo precioso porque puede abrir el espacio de Dios independientemente del tiempo y ubicación.

Pero si son usados de una manera incorrecta por parte de una persona que no tiene fe, no se manifestará ninguna obra de Dios.

Tanto quien ora con el pañuelo como aquel por quien están orando deben cumplir con los requisitos de la justicia de Dios. Deben creer que en realidad el poder de Dios está inmerso en el pañuelo. La fe de aquel que ora por la persona enferma y la fe de la persona que requiere oración deben medirse con exactitud y la obra de Dios se manifestará en la medida de su acuerdo con la justicia de Dios.

## Josué detuvo el sol y la luna

La razón por la que las dimensiones superiores pueden sojuzgar a las inferiores es porque la fuerza de la luz y el curso del tiempo son distintos. Mientras más superior es la dimensión del espacio, más brillante será la luz y más rápido el curso del tiempo. La luz del cuarto cielo es la más brillante. Luego vienen el tercero y el segundo cielo.

Respecto al curso del tiempo, este es más rápido en el segundo cielo que en el primero, y es aún más rápido en el tercer cielo. No obstante, en el cuarto cielo, este puede ser más rápido o más lento; esto depende de lo que Dios anhele en su corazón. Él puede extenderlo, disminuirlo o incluso detenerlo.

Las obras de la creación, los muertos que regresan a la vida y la sanidad divina toman lugar trascendiendo el tiempo y el espacio; todo se hace posible con el curso del tiempo que llega a su fin. Es por eso que un evento en particular puede darse tan pronto como se lo anhele en el corazón o tan pronto como se de la orden.

Cuando Josué tuvo una batalla con los amorreos, el sol y la

luna se detuvieron y esta fue una 'extensión del curso del tiempo'. Josué 10:13 dice: *"Y el sol se detuvo y la luna se paró, hasta que la gente se hubo vengado de sus enemigos"*. Esto fue cuando Josué tuvo una batalla contra los amorreos durante la conquista de la tierra de Canaán. ¿Cuáles son los factores que pueden causar que el sol se detenga todo el día en el primer cielo?

La Tierra tiene que rotar una vez al día, y para que el sol se detenga, la Tierra debe dejar de rotar. Si la Tierra deja de rotar por solo un instante, el impacto sería tremendo, no solo para la Tierra sino también para muchos otros cuerpos celestes. ¿Cómo pudo el sol detenerse por todo un día?

Podemos encontrar la respuesta en el espacio de Dios. En ese momento, Dios no solo cubrió la Tierra sino también todo el primer cielo con Su espacio. Por ende, por lo menos por ese instante, todo en el primer cielo fue sincronizado con el curso del tiempo en el reino espiritual. Este fue el curso del tiempo extendido. El sol se detuvo todo el día, de modo que las personas deben haber sentido que transcurrió un largo tiempo, pero de hecho, pudo haber sido tan solo un minuto, o incluso un segundo.

En ese tiempo, todo el primer cielo estaba en el curso del tiempo del reino espiritual, por lo que el curso físico del tiempo no tenía ningún efecto. Incluso aunque solo una parte del primer cielo y no el primer cielo en su totalidad haya sido cubierto por el espacio de Dios, no habrá ningún problema porque otras partes del espacio físico seguirían bajo el curso del tiempo del espacio físico.

## Elías corrió más rápido que el carro del rey

En la Biblia vemos un caso en el que alguien experimentó el curso disminuido del tiempo. Este fue Elías cuando corrió más rápido que el carro del rey Acab, lo que se registra en 1 Reyes 18. El curso del tiempo disminuido es lo opuesto al curso del tiempo extendido. Supongamos que uno está cubierto con el espacio de la cuarta dimensión durante una hora en el tiempo físico. En el espacio de Dios, Él puede disminuir esta hora según Su deseo. Si la disminuye a 30 minutos, no significa que los otros 30 minutos desaparecen sino que una hora se comprime en 30 minutos.

Por ejemplo: supongamos que usted coloca una tela de cien metros en el piso y corre sobre ella, de un extremo a otro, en un lapso de 20 segundos. Luego, si dobla la tela a la mitad, ¿de qué largo quedaría? Serían 50 metros y correr sobre ella le tomaría diez segundos. Si dobla la tela una vez más, el largo se acorta y el tiempo se contrae, pero la tela no desaparece.

Algo similar es lo que ocurre al disminuir el tiempo en el espacio de Dios. Elías corrió a su propia velocidad, pero pudo ir más rápido que el carro del rey porque estaba en el curso del tiempo disminuido. Por lo general los aviones comerciales vuelan a una velocidad de aproximadamente 900 km/h. Sin embargo, los pasajeros del avión no logran sentir la velocidad.

En 1 Reyes 18:46 leemos: *"Y la mano de Jehová estuvo sobre Elías, el cual ciñó sus lomos, y corrió delante de Acab hasta llegar a Jezreel"*. El rey Acab se estaba apresurando en su carro para evitar la lluvia, y Elías corrió más rápido que su carro.

Él pudo correr más rápido que un carro porque usó el espacio de Dios que no tiene limitaciones de tiempo y espacio. La Biblia dice que 'la mano del Señor estaba sobre Elías'. Por el poder de Dios, el cuerpo de Elías fue cubierto por Su poder y tomó lugar algo que sobrepasó los límites humanos.

## Moverse por el espacio espiritual

En el octavo capítulo de Hechos vemos que Felipe recibió la guía del Espíritu Santo para encontrarse con el etíope eunuco en el camino a Jerusalén. Él predicó el evangelio de Jesucristo al eunuco e incluso lo bautizó. Felipe estuvo en el desierto en el camino a Gaza, pero en un instante apareció en Azoto. Este fue en realidad un movimiento entre los espacios espirituales, similar a la 'teleportación'. *"Cuando subieron del agua, el Espíritu del Señor arrebató a Felipe; y el eunuco no le vio más, y siguió gozoso su camino. Pero Felipe se encontró en Azoto; y pasando, anunciaba el evangelio en todas las ciudades, hasta que llegó a Cesarea"* (Hechos 8:39-40).

Para que la teleportación tome lugar, uno debe atravesar el pasaje espiritual que se forma por el espacio de Dios. A medida que el curso de tiempo se detiene en ese pasaje espiritual, se puede ser teletransportado.

Dios ha permitido que los miembros de nuestra iglesia experimenten este tipo de movimiento en el espacio espiritual a través de las libélulas. Las libélulas que estaban en otras áreas llegaron hasta donde nosotros estábamos y desaparecían a través del pasaje formado por el espacio de Dios.

Enjambres de libélulas aparecían en el lugar de nuestro retiro de verano y se comían los mosquitos y otros insectos dañinos. En ese momento, libélulas maduras se movilizaban de un lugar a otro. Fue en el 2006 cuando comenzó el movimiento de las libélulas de esta manera. Esto se puede clasificar en movimiento horizontal y movimiento vertical de acuerdo al tipo de pasaje espiritual.

Lo más sorprendente es que cuando los miembros de la iglesia llamaban a las libélulas, estas no sentían temor de las personas sino que se posaban en la punta de sus dedos u otras partes de sus cuerpos. Las libélulas son de beneficio porque comen insectos dañinos durante el verano. Yo recuerdo que en mi niñez era muy difícil atrapar una libélula ya que vuelan y se alejan si sienten la mínima presencia humana al rededor. Por algún tiempo fue muy difícil ver una sola libélula en Seúl; la aparición de enjambres de libélulas es ciertamente una obra de Dios.

Al siguiente año (2007), las libélulas comenzaron a aparecer a principios de julio. Por lo general aparecen al final del verano o durante el otoño. Mientras que las libélulas que aún eran larvas pasaban por el pasaje espiritual, estas maduraban y se convertían en adultas. Mientras pasaban por el espacio cuadridimensional, su crecimiento se aceleraba de modo que podían aparecer mucho más temprano que en años anteriores.

En el 2008 se controló no solo el tiempo de su aparición sino también el número de libélulas. Innumerables enjambres de libélulas comenzaron a descender de los cielos comenzando la primera semana de julio. Los diferentes grupos misioneros de nuestra iglesia tuvieron sus respectivos retiros de verano en ubicaciones distintas de Corea del Sur y todos los miembros fueron testigos de las libélulas que descendían de manera vertical desde alrededor del sol. Las libélulas no se iban a otros sitios del lugar; descendían y se quedaban en las mismas áreas y se las podía ver sentadas sobre las manos, rostros u hombros de los miembros de la iglesia.

El tema del Retiro de Verano de ese año fue 'El Espacio Espiritual' y el gozo de los creyentes fue simplemente inmenso. Podían comprender el mensaje al tener el verdadero ejemplo de las libélulas moviéndose a través del espacio y descendiendo sobre ellos. Por medio de este Retiro, la fe de los miembros de la iglesia subió de nivel. El mismo tipo de obra ha tomado lugar en todas las iglesias filiales, no solo de Corea sino del mundo entero.

El mismo tipo de evento se dio durante el verano de 2009. Cada grupo misionero tuvo su respectivo Retiro de Verano y aparecieron más libélulas que en los años anteriores. Los creyentes vieron decenas de miles de libélulas descendiendo desde alrededor del sol a través del espacio espiritual que se abría. Mientras descendían desde los cielos, brillaban y parecían copos de nieve.

Cuando el pueblo de Israel cruzaba el Mar Rojo que fue partido por los fuertes vientos, un pasaje espiritual se formó ahí para ellos. ¡Cuán fuerte habrá sido el viento al punto de lograr partir el mar! Un hombre no lograría pararse ahí en medio de vientos tan fuertes. Sin embargo, más de dos millones de israelitas caminaron pacíficamente en medio de los vientos. Esto se debió a que el pasaje espiritual se formó para evitar que los vientos afectaran a las personas. ¿Qué ocurrió cuando se encontraban cruzando el río Jordán para ir a la tierra de Canaán?

Josué 3:15-16 dice: *"...cuando los que llevaban el arca entraron en el Jordán, y los pies de los sacerdotes que llevaban el arca fueron mojados a la orilla del agua (porque el Jordán suele desbordarse por todas sus orillas todo el tiempo de la siega), las aguas que venían de arriba se detuvieron como en un montón bien lejos de la ciudad de Adam, que está al lado de Saretán, y las que descendían al mar del Arabá, al Mar Salado, se acabaron, y fueron divididas; y el pueblo pasó en dirección de Jericó".*

En el lugar en el que encontraban los hijos de Israel, las aguas que venían de arriba se detuvieron como en un montón y las que descendían se acabaron. En ese momento, el espacio espiritual se desplegó con una forma semejante a una represa.

### Varias maneras en las que se ha usado los pasajes espirituales

Si logramos usar bien el pasaje espiritual, nosotros también podremos controlar las condiciones climáticas. Por ejemplo: supongamos que dos áreas específicas están sufriendo; en una hay inundaciones y en la otra hay sequías. Entonces, si movemos las nubes del área de lluvias al área seca, podremos resolver los problemas de ambas áreas.

La lluvia inesperada en Israel es un ejemplo de esto. En septiembre de 2009, oré por cierto asunto mientras me preparaba para una cruzada en Israel. Esta nación se encontraba en un tiempo difícil por causa de la fuerte sequía que había persistido durante los últimos cinco años. Los pastores en Israel me explicaron la situación y me pidieron que ore por ello.

Si una petición así, que es algo de interés a nivel nacional, va a recibir una respuesta, se debe reunir ciertas condiciones. Esto es, que el presidente o un líder de nivel equivalente pida la oración con fe, o que la mayoría de los habitantes hagan la petición con fe. Sin embargo, al sentir tanta lástima por la situación, yo simplemente oré el primero y segundo día de la cruzada para que la lluvia diera fin a la sequía.

¿Cuál fue el resultado? Israel tiene una clara distinción entre la temporada de lluvias y la temporada seca. Septiembre es parte de la temporada seca, y escasamente llueve en ese mes. A veces comienza a llover ligeramente a fines de octubre, pero la época de lluvias en verdad es desde diciembre hasta febrero de cada año. Pero debido a la larga sequía, el nivel del Mar de Galilea alcanzaba la línea roja más baja, que era de 208 metros. Este es el límite más bajo en el que ya no se puede sacar agua del mar.

No obstante, un día después de la finalización de la cruzada, la parte norte de Israel tuvo lluvias. El 13 de septiembre, un domingo, tuvieron una cantidad significativa de lluvia en Jerusalén y también en Tel Aviv. Los pastores israelíes se regocijaron y glorificaron a Dios diciendo que habían recibido la lluvia gracias a mi oración, y esto no fue todo. La siguiente semana tuvieron más lluvias y el Departamento de Recursos Hidráulicos de Israel dijo que la cantidad de lluvias de tan solo dos días era igual a la suma del promedio de lluvias de septiembre y octubre. Esto no era algo posible según la justicia de Dios, pero Él escuchó la oración y sobrepasando la justicia permitió que tuvieran lluvias.

Hay también muchos tifones y huracanes que producen calamidades alrededor del mundo. Si podemos mover el curso de los tifones o huracanes hacia áreas no habitadas, no habrá ningún problema.

Dos tifones se acercaban a las Filipinas cuando yo estaba ahí para la cruzada en el año 2001. Los tifones 'Nari' y 'Lekima' se acercaban a las islas con fuertes vientos de huracán. Si estos hubieran llegado según los cursos pronosticados, no habríamos logrados realizar la cruzada. Durante la rueda de prensa, los reporteros me preguntaron si la cruzada sería posible por causa de los tifones.

Entonces les respondí: "Los tifones se desvanecerán o cambiarán de dirección. No habrá ningún tifón o lluvias durante la cruzada, así que, por favor, esfuércense por asistir". El tifón Nari se desvaneció justo antes de la cruzada y el Lekima de repente cambió su curso, sin pasar por las Filipinas y logramos realizar la cruzada sin ningún inconveniente.

Nosotros podemos detener no solo los tifones sino también otros desastres naturales tales como erupciones volcánicas o terremotos si hacemos uso del espacio espiritual. Podemos simplemente cubrir con el espacio de Dios el origen de la erupción volcánica o del terremoto y estas cosas se pueden hacer posibles cuando están de acuerdo con la justicia de Dios. Por ejemplo: para detener un desastre que causará daño a nivel nacional, se supone que el líder del país debe pedir la oración. Además, aunque el espacio espiritual esté abierto, la justicia del primer cielo no se podrá ignorar por completo. Las obras del espacio espiritual estarán limitadas en la medida en que no exista confusión en el primer cielo una vez que se levante el espacio espiritual. Dios gobierna todos los cielos con Su omnipotencia y Él es el Dios de amor y justicia.

## El amor que trasciende la justicia

En Génesis 18 podemos leer que Dios le anunció de antemano a Abraham lo que sucedería con las corruptas ciudades de Sodoma y Gomorra. *"Entonces Jehová le dijo: Por cuanto el clamor contra Sodoma y Gomorra se aumenta más y más, y el pecado de ellos se ha agravado en extremo, descenderé ahora, y veré si han consumado su obra según el clamor que ha venido hasta mí; y si no, lo sabré"* (Génesis 18:20-21).

Sodoma y Gomorra debían ser castigadas por sus pecados de acuerdo a las reglas de la justicia, pero Dios le permitió a Abraham conocer de esto con anticipación ya que su sobrino Lot vivía ahí. El anhelo de Dios era el de darles otra oportunidad; así es Su amor y justicia.

Luego Abraham le pidió a Dios, en cinco ocasiones, que salvara a Sodoma. Al principio le pidió que no destruyera la ciudad si en ella encontraba cincuenta hombres justos, luego fueron cuarenta y cinco hombres y después cuarenta, más adelante fueron treinta, veinte y finalmente el número descendió a diez. *"Y volvió a decir: No se enoje ahora mi Señor, si hablare solamente una vez: quizá se hallarán allí diez. No la destruiré, respondió, por amor a los diez"* (Génesis 18:32).

En calidad de mera criatura, Abraham logró pedir a Dios con mucha valentía, lo que demuestra que él tenía el corazón del Señor y llegó a ser uno con Dios. Él pidió con amor sincero para conmover el corazón de Dios y salvar al pueblo, y Dios se conmovió por su amor y prometió hacer lo que pidió.

Dios obra con amor dentro de los límites de la justicia. Así que, Él deseaba mostrar misericordia y compasión incluso cuando estaba castigando a Sodoma y Gomorra; Él ofreció una nueva oportunidad con el amor que trasciende la justicia gracias a la oración de un hombre justo, Abraham.

Sodoma y Gomorra eventualmente fueron castigadas porque en ellas no había ni siquiera diez hombres justos, pero el sobrino de Abraham, Lot y su familia, se salvaron. Esto se dio porque Lot estaba en el espacio de Abraham quien era amado en gran manera por Dios. En otras palabras, debido a que Dios amó mucho a Abraham, Él cubrió a Lot y su familia con el espacio espiritual pensando en Abraham.

Tal como lo expliqué, podemos controlar cualquier cosa en el amor y justicia de Dios en Su espacio. El amor anula la justicia sin quebrantarla. Para que algo así suceda, uno debe cultivar el corazón que está en acuerdo con la justicia del cuarto cielo. Es decir, cuando uno ha cultivado el corazón que es uno solo con el de Dios, puede mostrar las obras de Dios que sobrepasan la justicia sin quebrantar la justicia del cuarto cielo.

El problema consiste en cómo podemos cultivar el corazón de Dios. Hasta llegar a esto, únicamente con fe y amor uno tiene que superar pruebas tremendas que son inimaginables para el hombre. Debemos pagar el precio de acuerdo con la justicia de Dios, atravesando cada paso con pruebas hasta estar capacitado para usar el espacio de Dios tras haber aprendido la justicia del cuarto cielo.

Abraham también tuvo muchas tribulaciones y pruebas hasta que logró ser llamado 'amigo de Dios'. Cuando cumplió setenta y cinco años, Dios le dijo que formaría una gran nación por medio de él, pero por más de veinte años él no pudo engendrar un hijo. No obstante, cuando cumplió noventa y nueve años, cuando Sara tenía ochenta y nueve y no podía concebir un hijo, Dios finalmente le dijo que tendría un hijo al año siguiente.

Esto era completamente imposible para el conocimiento humano, pero Abraham puso su confianza en Dios y jamás dudó. Dios reconoció su fe como justa, y ya que creyó, engendró a Isaac. Pero cuando Isaac era aún pequeño y encantador, Dios le pidió a Abraham que lo ofreciera en holocausto. Abraham creyó que Dios lo levantaría de los muertos aunque ofreciera a Isaac en holocausto, porque Él ya le había dicho que muchos descendientes provendrían de Isaac. Él pudo entregar a su único hijo, Isaac, sin duda alguna porque realmente reverenciaba a Dios.

Después de que Abraham pasó todas las pruebas y tribulaciones, Dios lo llamó 'amigo' y lo estableció como el 'padre de la fe'. Tras la prueba final de entregar a su único hijo en holocausto, él recibió todas las bendiciones que un hombre puede recibir, tales como la bendición de los hijos, la salud, riquezas y larga vida.

Dios está buscando hijos verdaderos que puedan recibir bendiciones y guiar muchas almas al camino de salvación por medio de la oración de fe y amor, tal como lo hizo Abraham. Dios nos ha mostrado obras de creación, el control de la vida y la muerte y obras que trascienden el espacio y el tiempo porque Él desea hijos verdaderos que posean Su corazón.

Génesis 18:17-19 dice: *"Y Jehová dijo: ¿Encubriré yo a Abraham lo que voy a hacer, habiendo de ser Abraham una nación grande y fuerte, y habiendo de ser benditas en él todas las naciones de la tierra? Porque yo sé que mandará a sus hijos y a su casa después de sí, que guarden el camino de Jehová, haciendo justicia y juicio, para que haga venir Jehová sobre Abraham lo que ha hablado acerca de él".*

Si tan solo logramos entender los principios básicos del espacio de Dios que se han explicado hasta ahora, podremos comprender muchos eventos en la Biblia con mayor profundidad y también los experimentaremos en nuestra vida. Podremos sobrepasar los límites humanos si nos convertimos en verdaderos hijos de Dios al creer en Él y recobrar Su semejanza perdida. Por esta razón, el Señor Jesús resucitado nos dio las siguientes últimas palabras cuando ascendió a los Cielos: *"Pero recibiréis poder, cuando haya venido sobre vosotros el Espíritu Santo, y me seréis testigos en Jerusalén, en toda Judea, en Samaria, y hasta lo último de la tierra"* (Hechos 1:8).

¿Cuál es el atajo para recibir el poder de Dios y convertirnos en testigos del Señor? Es el de santificar nuestro corazón y orar con fervor para convertirnos en personas de Espíritu Completo a fin de poder usar el espacio de Dios. Además debemos esforzarnos por cultivar la justicia y el amor de Dios por completo para poder heredar el lugar más hermoso en la Nueva Jerusalén e incluso el espacio de Dios.

## Capítulo 2
# La imagen de Dios

Uno puede recuperar la semejanza perdida de
Dios una vez que se convierte en hijo verdadero de Dios que tiene Su corazón,
aunque esto no significa que podemos llegar a ser como Dios mismo.
Él puede existir tan solo como una luz sin forma
alguna o puede adquirir cierta forma.

Dios adquirió una forma para el Cultivo de la humanidad

El hombre fue creado a imagen de Dios

No podemos ver el rostro de Dios directamente

Tamaño de la forma de Dios

La imagen de Dios según la visión del Apóstol Juan

Participar en la naturaleza divina

¿ Qué tipo de apariencia tiene Dios? ¿Cuán grande es Él? Cuando uno ha aceptado a Jesucristo y llega a conocer más acerca de Dios, se despierta la curiosidad respecto a Su imagen y al reino de los Cielos. Cuando se separa a los hijos de sus padres por un largo tiempo, los niños extrañan y aprecian a los padres. Esto es algo similar a nuestra búsqueda de Dios y el anhelo por Él en nuestra naturaleza.

En Mateo 5:8 dice lo siguiente: *"Bienaventurados los de limpio corazón, porque ellos verán a Dios"*. Ser 'puros de corazón' significa 'no poner nuestra mente en cosas insignificantes sino ser puros y limpios en la verdad'. Es un corazón intachable y sin mancha y con el que no pensamos en nada malo o indecente. El verso dice que "los de limpio corazón verán a Dios". ¿Qué significa esto? Esto no quiere decir que verán la entidad original de Dios, sino que experimentarán a Dios al recibir cualquier cosa que pidan.

Sin embargo, esto tampoco implica que jamás podrán ver a Dios, sino simplemente que no podrán ver el rostro de Dios directamente (Éxodo 33:20). Dios es espíritu, por lo que no podremos conocer la imagen de Dios por completo porque no podemos ver a Dios directamente. Pero Dios dice que somos creados a Su imagen, por lo que podemos entender que Dios y nosotros compartimos algo en común respecto a nuestra apariencia. Podemos imaginar la apariencia de Dios en base a la Biblia, que es una revelación acerca de Dios.

## Dios adquirió una forma para el Cultivo de la humanidad

En Éxodo 3:14 encontramos que Dios se refiere a Sí mismo como *"YO SOY EL QUE SOY"*. Él es el ser perfecto que existe por Sí mismo desde antes de la eternidad. El hombre tiene conocimiento limitado, por lo que pensamos que debe haber un principio para todo, y es por eso que Dios usa la palabra 'principio', pero es solo para nuestro entendimiento.

En Juan 1:1 dice: *"En el principio ya existía la Palabra; y aquel que es la Palabra estaba con Dios y era Dios"*. Y en Génesis 1:1 dice: *"En el principio creó Dios los cielos y la tierra"*.

Dios creó a los hombres cuando estaba creando los cielos y la tierra y todo lo que hay en ellos, y por ende, el 'principio' del libro de Génesis establece una relación con el hombre. Por otro lado, el principio mencionado en Juan 1 es un punto en el tiempo que tuvo lugar mucho antes del tiempo de la creación. Es más, no tiene relación alguna con el hombre.

En el principio Dios existía en un espacio que es un reino espiritual, el cual no es visible a nuestros ojos. Él existía como una luz hermosa y brillante y gobernaba sobre todo lo que estaba suspendido en los espacios del universo. Dios tenía humanidad y a la vez divinidad, por esta razón Él planificó el Cultivo de la humanidad para obtener hijos verdaderos y comenzar a existir como la Trinidad: el Padre, el Hijo y el Espíritu Santo.

Fue ese el momento en el que Dios comenzó a tener una imagen. En Génesis 1:26 leemos: *"Entonces dijo Dios: Hagamos al hombre a nuestra imagen, conforme a nuestra semejanza..."*

Claro está que no se trata de una forma física como la del hombre sino de una imagen espiritual para encarnar a Dios quien es espíritu. Los ángeles, el ejército celestial o los querubines son todos seres espirituales pero tienen sus respectivas formas. En el principio Dios no tenía una forma específica, pero en cierto momento llegó a tener una.

Dios la Trinidad asumió una forma para nosotros los hombres y cuando creó la Tierra, que es el escenario para el Cultivo de la humanidad, Él vino a este mundo. Él analizó lo que la Tierra necesitaría en el futuro y cómo haría aquellas cosas, y luego comenzó la creación misma de todas las cosas.

## El hombre fue creado a imagen de Dios

Dios la Trinidad creó al hombre a Su imagen durante el sexto día de la Creación. Esto no significa que solo la apariencia externa del hombre era a imagen de Dios, sino que también implica que nuestro corazón fue creado a Su imagen.

No obstante, a partir de la desobediencia de Adán, el hombre perdió la imagen original recibida al momento de la creación y se manchó cada vez más con el pecado. El hecho de que Adán haya perdido la imagen de Dios no significa que su imagen externa desapareció, sino que perdió la naturaleza de Dios, que es la fragancia santa. El hombre está compuesto de espíritu, alma y cuerpo, pero como resultado del pecado, el espíritu de todo hombre 'murió'. Desde aquel entonces se convirtió en un ser que no es diferente a los animales que fueron creados únicamente con alma y cuerpo.

Sin embargo, cuando llegó el momento oportuno, Dios envió a Jesús a este mundo para abrir el camino de salvación para que todos puedan ser salvos y otorga el don del Espíritu Santo a cualquiera que acepta a Jesucristo. Entonces su espíritu muerto revivirá y podrá comenzar a recuperar la imagen perdida de Dios. El Dios santo desea también que Sus hijos tengan santidad, es por eso que con urgencia nos advierte diciendo: *"Sed santos, porque yo soy santo"* (1 Pedro 1:16).

Dios no mira la apariencia sino el corazón de cada persona. Podemos convertirnos en hijos verdaderos de Dios si batallamos contra el pecado y nos abstenemos de él al punto del derramamiento de sangre, y si desechamos toda forma de maldad. Podemos recuperar la imagen perdida de Dios y emanar luces fuertes de nuestra forma espiritual en la medida en que reflejemos a Dios quien es Luz.

En 1 Juan 5:18, dice: *"Sabemos que todo aquel que ha nacido de Dios, no practica el pecado, pues Aquel que fue engendrado por Dios le guarda, y el maligno no le toca"*. Dios protege a aquellos que viven de acuerdo a la Palabra de Dios y que no pecan. Por causa de su luz intensa, el enemigo diablo y Satanás no puede acercarse a ellos.

El propósito de Dios al crear el mundo y al hombre fue el de obtener hijos verdaderos que tuvieran Su imagen, pero casi todo hombre, desde el tiempo de la creación, no ha cultivado la imagen de Dios. Ha habido innumerables personas que han nacido desde el tiempo de Adán, pero solo un puñado de ellos en realidad ha cultivado el tipo de corazón que Dios ha deseado que tengan. Estas personas han caminado con Dios y han revelado Su gloria en sus vidas; han hecho obras poderosas que han superado la imaginación humana. Elías hizo descender fuego del cielo, Abraham prácticamente ofreció su único hijo Isaac como un sacrificio, el apóstol Pablo fue fiel con toda su vida y amor. Cuando Dios veía personas como estas, Él se sentía feliz en extremo.

Por el contrario, incluso entre aquellos usados para el reino de Dios había personas que en realidad no se podían considerar como 'verdaderos hombres de Dios'. Por ejemplo, en el caso de Eliseo, él aprendió todo de parte de Elías y recibió doble porción de su inspiración, pero su corazón no fue perfecto como el de Elías (2 Reyes 2:24). Cuando los muchachos le siguieron y se burlaron de él de modo intolerable, él al final los maldijo, por lo que dos osas salieron del monte y despedazaron a cuarenta y dos muchachos.

Lot también vio la bondad de Abraham, y sin embargo él no pudo cultivar el corazón bueno como el de Abraham sino que recibió bendiciones materiales gracias a él y en situaciones peligrosas Abraham salvó su vida. Aun así, él no pudo cultivar un corazón perfecto.

Claro está que Eliseo hizo muchas cosas asombrosas y la gente decía que era un hombre de Dios, pero resultó que la gente simplemente lo respetaba porque era un profeta. Un verdadero hombre de Dios no es una persona que puede ser únicamente usada por Dios para servir Sus propósitos de modo momentáneo. Es una persona que ha recobrado la imagen de Dios al tener un corazón santo y puro que está libre de cualquier mancha o defecto.

## No podemos ver el rostro de Dios directamente

Desde la caída de Adán, nadie en el primer cielo ha podido ver directamente el rostro de Dios quien es la Luz en Sí. Dios es espíritu y no podemos verlo con ojos físicos. Es más, en Éxodo 33:20 dice: *"No podrás ver mi rostro; porque no me verá hombre, y vivirá"*.

Elías fue arrebatado a los Cielos sin ver la muerte, pero a pesar de eso no pudo ver a Dios directamente. En 1 Reyes 19:12-13 leemos: *"Y tras el terremoto un fuego; pero Jehová no estaba en el fuego. Y tras el fuego un silbo apacible y delicado. Y cuando lo oyó Elías, cubrió su rostro con su manto, y salió, y se puso a la puerta de la cueva. Y he aquí vino a él una voz, diciendo: ¿Qué haces aquí, Elías?"* Elías cubrió su rostro con su manto tan solo al escuchar un ligero sonido de Dios.

Jueces 13:22 dice también: *"Y dijo Manoa a su mujer: Ciertamente moriremos, porque a Dios hemos visto".* Manoa es el padre de Sansón. Isaías dijo también: *"¡Ay de mí! que soy muerto!; porque siendo hombre inmundo de labios, y habitando en medio de pueblo que tiene labios inmundos, han visto mis ojos al Rey, Jehová de los ejércitos"* (Isaías 6:5).

Las personas perdían la vida incluso cuando irrespetaban un lugar o un objeto que era apartado para Dios. Este fue el caso de los hombres de Bet-semes que murieron porque habían mirado el arca del Señor (1 Samuel 6:19).

Debido a que el hombre muere si ve el rostro de Dios directamente, Él se ha revelado a Sí mismo de manera indirecta. Se ha mostrado en la llama de un arbusto, en el fuego o en las nubes. A veces se ha mostrado a Sí mismo en prodigios tales como la división del Mar Rojo y la detención del sol y la luna, o en señales tales como los cojos que se han levantado, los ciegos que han logrado ver, los sordos que han escuchado, los mudos que han logrado hablar y los muertos que han regresado a la vida.

Dios también mostró Su imagen a través del Señor Jesús tal como leemos en Colosenses 1:15: *"El es la imagen del Dios invisible, el primogénito de toda creación".* Juan 1:18 dice: *"A Dios nadie le vio jamás; el unigénito Hijo, que está en el seno del Padre, él le ha dado a conocer"*, y en Juan 14:9 Jesús dice: *"El que me ha visto a mí, ha visto al Padre; ¿cómo, pues, dices tú: Muéstranos el Padre?"*

En la actualidad muchos dicen creer en Dios pero en realidad no conocen quién es Él y tampoco comprenden Su corazón y voluntad. Se imaginan cómo es Dios de acuerdo a sus propios autoconceptos. Es como una rana que vive en un pozo y que piensa que el pequeño círculo de cielo que logra ver es el cielo entero. Asimismo, aquellas personas no pueden compartir amor verdadero con Dios el Padre, y aún más, cuando ven a aquellos que son amados por Dios, piensan que es algo extraño.

## Jesús mostró la imagen de Dios

¿Por qué Jesús dice en Juan 14:9 *"El que me ha visto a mí, ha visto al Padre"?* Jesús está en el Padre Dios y Dios está en Jesús, y así Ellos son completamente Uno. Por esta razón, las palabras que Jesús hablaba no eran únicamente Suyas, sino inspiradas por Dios el Padre.

En Juan 12:49-50, Él dijo: *"Porque yo no he hablado por mi propia cuenta; el Padre que me envió, él me dio mandamiento de lo que he de decir, y de lo que he de hablar. Y sé que su mandamiento es vida eterna. Así pues, lo que yo hablo, lo hablo como el Padre me lo ha dicho".* Así también, en Mateo 15:30-31, leemos: *"Y se le acercó mucha gente que traía consigo a cojos, ciegos, mudos, mancos, y otros muchos enfermos; y los pusieron a los pies de Jesús, y los sanó; de manera que la multitud se maravillaba, viendo a los mudos hablar, a los mancos sanados, a los cojos andar, y a los ciegos ver; y glorificaban al Dios de Israel".*

Cuando Jesús testificó del Padre con palabras, Dios mostró que Él es todopoderoso por medio de señales, prodigios y cosas extraordinarias y maravillosas. Los que creyeron y siguieron a Jesús podían ver el poder de Dios y le glorificaban, pero los que no creían en Él lo abandonaban y se dispersaban. No creían en Jesús a pesar de que eran testigos de las sorprendentes obras de Dios, tan solo porque esas cosas no concordaban con sus propias teorías y conocimiento.

Jesús tomó voluntariamente el miserable camino a la cruz para cumplir con la Providencia de salvación debido a que era completamente uno con Dios el Padre. Él tenía un corazón con Dios quien quería salvar a la humanidad, a los pecadores, a pesar de que el camino era uno de sufrimiento. Él tenía la misma voluntad que Dios en el hecho de que debía convertirse en el sacrificio expiatorio. Por esta razón, Jesús tomó el camino sin poner resistencia, aunque se trataba de un camino muy estrecho y difícil de tomar de acuerdo a la manera de pensar del hombre.

### ¿Por qué no debemos hacer una imagen de Dios?

En Éxodo 3, Dios llamó a Moisés desde la zarza ardiente en el Monte Horeb. Él le dijo que guiara al pueblo de Israel que sufría en Egipto hacia la tierra prometida de Canaán. ¿Cuál es la razón por la que Dios apareció en la llama en la zarza?

Obviamente, cuando se prende fuego a un arbusto, este se consumirá. El hecho de que la zarza no se haya consumido por el fuego, o que el fuego no haya cesado, fue algo fuera de lo común. Dios quiso que Moisés viera que hay un mundo espiritual que no perece.

Además se considera que simboliza una 'maldición', y por eso, la aparición del mensajero de Dios en la llama o el fuego en la zarza significa que Dios es el que controla incluso los arbustos maldecidos. Esto en cambio, en un sentido espiritual, representa que el enemigo diablo y Satanás está bajo el control de Dios. Moisés se convirtió en una persona que fue calificada ante los ojos de Dios por medio de cuarenta años de prueba, y finalmente Dios lo llamó para hacerlo el líder de Israel.

Pero más tarde, cuando Dios se reveló a Sí mismo al pueblo de Israel en las llamas del Monte Horeb, ellos solo escucharon Su voz pero no vieron ninguna imagen. Una vez más, Dios les recordó sobre este hecho más tarde y severamente les prohibió que hicieran una imagen. *"Guardad, pues, mucho vuestras almas; pues ninguna figura visteis el día que Jehová habló con vosotros de en medio del fuego; para que no os corrompáis y hagáis para vosotros escultura, imagen de figura alguna, efigie de varón o hembra, figura de animal alguno que está en la tierra, figura de ave alguna alada que vuele por el aire, figura de ningún animal que se arrastre sobre la tierra, figura de pez alguno que haya en el agua debajo de la tierra. No sea que alces tus ojos al cielo, y viendo el sol y la luna y las estrellas, y todo el ejército del cielo, seas impulsado, y te inclines a ellos y les sirvas; porque Jehová tu Dios los ha concedido a todos los pueblos debajo de todos los cielos"* (Deuteronomio 4:15-19).

¿Cuál es la razón por la que Dios dijo esto? El hombre fue creado con una forma fija, por eso tiene la tendencia a hacer también la forma de Dios. A Él le preocupaba que si lo hacían, limitarían la naturaleza de Dios dentro del criterio de una imagen fija. Si ellos hacían una imagen de Dios, esta no les ayudaría a comprenderlo mejor, sino que evitaría que vean la verdadera imagen de Dios al ser engañados por una imagen 'falsa' y quizás los conduciría a la adoración a ídolos, que es una de las cosas que Dios más aborrece.

Dios es espíritu. ¿Cómo podemos hacer una imagen de Él y expresarlo? Por tanto, cuando Moisés le pidió a Dios que se mostrase, Él le prometió mostrar todas las escenas de bondad en lugar de una imagen material en sí.

Al igual que el agua que se congela para convertirse en hielo o que hierve para convertirse en vapor, Dios puede mostrarse a Sí mismo en varias formas con una sola naturaleza. De este modo, Él está ayudando al hombre a entenderlo mejor porque Él es espíritu y el hombre tiene sus limitaciones físicas.

### Tamaño de la forma de Dios

Muchas partes de la Biblia tienen algunas expresiones acerca de las partes del cuerpo de Dios, tales como 'Sus ojos' (1 Reyes 8:29), 'oídos' (Nehemías 1:6) y 'manos' (Isaías 65:2). ¿Tienen estas expresiones únicamente significados simbólicos? Ese no es el caso.

Dios no existe como un vacío sin forma. Él tiene cierta forma que significa que Él es claramente una substancia. No obstante, Él es distinto a los humanos en el sentido de que tiene una forma que es de espíritu mismo sin un cuerpo físico, mientras que el hombre tiene espíritu, alma y cuerpo. Dios tiene la forma de luces brillantes y nosotros no podemos verlo directamente. Además Él es básicamente diferente al hombre en el sentido de que Adán tuvo primero una forma y luego fue lleno con la verdad, mientras que Dios es la verdad en Sí y luego llegó a tener una forma.

Algunos quizás piensen que Dios existe en un cuerpo muy grande ya que Él es el Creador quien creó todas las cosas en el universo y gobierna sobre ellas. Claro está que Él tiene una forma grande, pero puede cambiarla libremente. Por consiguiente, no podemos entender cuál es Su forma si es que pensamos en esto con el entendimiento humano.

Incluso después de entrar al Cielo, tendremos una diferencia fundamental con Dios. El hombre tendrá el cuerpo espiritual que atravesó el Cultivo de la humanidad en un cuerpo físico en este mundo, mientras que Dios podrá asumir una forma o salir de su forma actual. No obstante, el hombre será confinado a cierta forma que jamás cambiará en el Cielo. Es algo semejante al hecho de poder hacer cualquier figura con plastilina, pero una vez que hemos terminado de hacerla, no podemos retornarla a su substancia original.

Dios puede existir como luz solamente sin tener una forma,

pero puede también asumir una forma. En el cuarto cielo, Dios usualmente no asume una forma y Él simplemente existe como luz y voz. Pero Él asume una forma cuando está con los profetas o cuando desciende al tercer cielo, el reino celestial. Él asume una forma cada vez que está en un lugar en el que debe hacerlo, y no lo hace cuando no le es necesario. Él incluso puede controlar libremente el tamaño de Su forma.

Por ejemplo: en el cuarto cielo una substancia no se fija como algo sólido, líquido o gaseoso sino que esta puede cambiar su forma libremente según lo que Dios anhele en Su corazón. Por tanto, Dios existió originalmente como luz y sonido que no tenía una forma, pero cuando Él desciende al tercer cielo, puede tener una forma específica.

Adán, el primer hombre, fue creado según esta imagen, la imagen de Dios en el tercer cielo, que es también la imagen que veremos cuando vayamos al Cielo. Pero aun si tiene la misma forma, Él aparece de forma diferente entre cuando está en el cuarto cielo, y cuando está en el tercer cielo. Esto se debe a que la luz, gloria, dignidad y todas las cosas se ven distintas de acuerdo a las diferentes dimensiones.

Por ejemplo: incluso la misma pieza de cristal se verá distinta de acuerdo a los tipos de luz y el entorno en el que se coloca el cristal. Asimismo, la gloria y forma del Dios original en el cuarto cielo se verá distinta en un espacio que es de una dimensión inferior. Incluso en el mismo reino espiritual, las formas se ven distintas de acuerdo a las diversas dimensiones, y las diferencias serán mucho mayores si Dios desciende al primer cielo, el espacio físico.

Todavía más, ver a Dios desde este mundo físico a través de un pasaje abierto al reino espiritual y ver a Dios quien descendió a este mundo habiendo asumido un espacio físico limitado, es algo completamente distinto. Los profetas o los ángeles no pueden asumir un espacio espiritual limitado, de modo que, aunque aparezcan en el espacio físico, ellos siguen en el espacio del espíritu. Pero Dios puede asumir cualquier espacio que anhele en Su corazón porque Él es el Creador que creó todo tipo de espacios. Puede aparecer en el espacio físico aun estando en el espacio espiritual, y también puede aparecer con una forma física que es visible a los hombres.

## Aparición de Dios a través de los pasajes espirituales

Podemos encontrar muchos registros en la Biblia acerca de Dios mismo descendiendo a este mundo en el curso del Cultivo de la humanidad. ¿Cómo descendió Dios a este mundo?

Tal como lo leemos en Génesis 11:5, que dice: *"Y descendió Jehová para ver la ciudad y la torre que edificaban los hijos de los hombres"*, Él mismo descendió a este mundo para ver lo que hacía la gente. Él descendió para ver a Moisés, según lo escrito en Éxodo 19:18, donde leemos: *"Todo el monte Sinaí humeaba, porque Jehová había descendido sobre él en fuego; y el humo subía como el humo de un horno, y todo el monte se estremecía en gran manera"*. Y en Números 11:25, encontramos: *"Entonces Jehová descendió en la nube, y le habló; y tomó del espíritu que estaba en él, y lo puso en los setenta varones ancianos; y cuando posó sobre ellos el espíritu, profetizaron, y no cesaron".*

Dios no está limitado por los cambios en el curso del tiempo. Todos los espacios físicos y espirituales le pertenecen a Él, pero el hecho es que, aun así, Él usó un pasaje espiritual para descender a este mundo. Él no tuvo que venir a través del pasaje espiritual, pero lo hizo para no quebrantar las reglas de justicia.

A pesar de que Dios mismo estaba ahí en ese entonces, el hombre carnal no podía verlo. Por otro lado, aquellos cuyos ojos espirituales estaban abiertos y quienes se comunicaban con Dios, podían verlo de acuerdo a la extensión en la que se sumergían en el espíritu. Claro está que no era para ver a Dios cara a cara, pero podían verlo y sentirlo dentro de las limitaciones permitidas por Él.

En Éxodo 33:11 (LBLA) leemos: *"Y acostumbraba hablar el SEÑOR con Moisés cara a cara, como habla un hombre con su amigo..."* Sin embargo, esto no significa que Moisés vio el rostro de Dios directamente, sino que Dios se mostró a Moisés de una manera especial para que no muriera incluso después de ver Su gloria. Esto se dio debido a que Moisés era manso y humilde más que ninguno sobre la faz de la tierra, y era fiel en toda la casa de Dios.

Éxodo 33:18-19 dice: *"(Moisés) entonces dijo: Te ruego que me muestres tu gloria. Y le respondió: Yo haré pasar todo mi bien delante de tu rostro, y proclamaré el nombre de Jehová delante de ti; y tendré misericordia del que tendré misericordia, y seré clemente para con el que seré clemente ".*

Pero en Éxodo 33:23, podemos entender que Moisés no vio el rostro sino las espaldas de Dios. Él fue más manso y humilde que cualquier persona en la faz de la tierra y fiel en toda la casa de Dios. Aun así, no pudo ver la imagen directa de Dios por causa de las limitaciones del cuerpo físico.

## Dios se aparece ante Abraham

En Génesis 18 leemos que Abraham sirvió a tres personas con lo mejor de sí. Esta fue la ocasión en la que Dios el Espíritu Santo y dos arcángeles se aparecieron en forma humana. Dios el Espíritu Santo es uno con Dios el Padre y puede aparecer en forma humana habiendo asumido el espacio físico según lo que albergaba en el corazón.

Entonces, ¿cómo pudieron los arcángeles aparecer en forma humana? Ellos no pueden asumir un espacio físico con su propia habilidad, pero esto se hizo posible ya que estaban con Dios el Espíritu Santo en Su espacio. Pero el hecho de que Dios el Espíritu Santo y los dos arcángeles aparecieron en forma humana no significa que fueron iguales a los seres humanos. Simplemente asumieron una forma humana encima de su forma espiritual para que esta pudiera ser vista en el espacio físico.

Los tres seres, es decir, Dios el Espíritu Santo y los dos arcángeles, comieron la comida que Abraham les ofreció (Génesis 18:8), pero su modo de alimentarse es distinto al de los hombres. Ellos no mastican ni digieren los alimentos al igual que el hombre; tan pronto como los comen, estos simplemente desaparecen en el aire. Es semejante a lo que ocurrió con el Señor resucitado: comió algunos alimentos y estos fueron disueltos y eliminados por medio de la respiración. Claro está que, asumir el espacio físico por un momento no era lo mismo que estar en un cuerpo resucitado. El cuerpo resucitado es un cuerpo físico en este mundo que cambió a un cuerpo espiritual, pero las tres personas en ese tiempo existieron de modo momentáneo en el cuerpo que era adecuado para estar en el espacio físico según lo requerido.

La razón por la que Dios el Espíritu Santo tuvo que descender a este mundo con dos arcángeles, habiendo asumido el espacio físico, era porque tenía que observar a Sodoma y Gomorra directamente. Por supuesto que pudo haber descendido en espíritu para hacer eso, pero tenía una razón para ir a esas tierras y verlas en persona.

Los dos arcángeles aparecieron en forma humana y es por eso que ciertamente pudieron verificar cuán corrupta era la gente. Vieron la belleza de los arcángeles y trataron de hacerles lo malo. Dios el Espíritu Santo y los dos arcángeles lograron experimentar y sentir directamente la maldad de la gente de Sodoma y Gomorra porque ellos descendieron en la forma humana real.

En Génesis 18:13 dice: *"Entonces Jehová dijo a Abraham:..."* En base a esto podemos inferir que el que apareció ante Abraham fue Jehová Dios. Pero dice que él vio a tres personas, por lo que podemos entender la manera en la que Dios apareció frente a Abraham.

Hubo varias maneras en las que Dios apareció ante Abraham: Él pudo mostrarse ante Abraham en un sueño o visión, o pudo simplemente haberle dado Su voz. Estos fueron los métodos que abrieron el espacio espiritual ante Abraham quien estaba en el espacio físico para que pudiera ver y sentir a Dios quien estaba en el espacio espiritual. En estos casos, se puede ver a Dios y escuchar Su voz solo cuando los ojos y oídos espirituales se abren. Si los ojos espirituales de uno no están abiertos, jamás se podrá ver lo que ocurre en el espíritu, a pesar de que Dios esté con uno.

Pero cuando Dios apareció junto a dos arcángeles, el caso fue totalmente distinto. En ese momento no se trató únicamente de abrir el espacio espiritual en el espacio físico para hacerse visible en este espacio, sino que Dios en realidad fue al espacio físico. Aunque fue a nivel limitado, Él asumió y salió al espacio físico.

Si el primero es como ver a Dios en la pantalla del televisor, el segundo es como que Dios saliera de la pantalla. Si Dios sale al espacio físico habiéndose vestido del limitado espacio físico, la gente podrá verlo aunque sus ojos espirituales no estén abiertos, y en ese caso, Dios podría verse como un ser humano.

## El Señor en la forma de un brillo intenso

Ahora, ¿cuál es la apariencia de Dios el Hijo? A veces escuchamos de parte de la gente que dice que han visto al Señor en sueños o visiones. La mayoría de ellos dicen que Él está lleno de misericordia y amor, y esto se debe a que Él se despojó de

Su luz para mostrarse a Sí mismo en una apariencia llena de misericordia. Si Él mostrara la autoridad y dignidad divinas que están al mismo nivel que Dios el Creador, nadie se atrevería a verlo directamente.

Esta es la razón por la que no podemos ver al Señor en el Cielo a menos que busquemos la paz con todos los hombres y la santificación (Hebreos 12:14). La luz del Señor es simplemente muy fuerte. Únicamente aquellos que se sumergen en el espíritu y Espíritu Completo podrán ver al Señor porque la luz de su propio cuerpo espiritual también será muy intensa.

El apóstol Juan vio la apariencia del Señor en su visión. Él describió los ojos, pies y cabello del Señor con detalle. También podemos imaginarnos la apariencia de Dios el Padre en base a la descripción de la apariencia del Señor.

Apocalipsis 1:14-15 dice: *"Su cabeza y sus cabellos eran blancos como blanca lana, como nieve; sus ojos como llama de fuego; y sus pies semejantes al bronce bruñido, refulgente como en un horno; y su voz como estruendo de muchas aguas".*

Dice aquí que el cabello del Señor era blanco como blanca lana, y esto significa que Él está libre de toda maldad y que se levanta en medio de la bondad perfecta. Dice que Sus ojos son como llama de fuego, pero no significa que son atemorizantes sino que iluminan los alrededores y hacen que los demás se sientan a gusto. También significa que queman todos los pecados y la maldad. Nadie puede esconderse de los ojos del Señor, y todo se revelará claramente ante Él. Dice el verso que Sus pies son semejantes al bronce bruñido; mientras más se lo refina, más puro se torna. Muchas veces en lo literario se compara los ojos de una mujer hermosa con estrellas titilantes, o los labios con cerezas. De manera similar, Juan comparó los pies del Señor con bronce bruñido. Los pies son la parte del cuerpo que la gente considera como la más sucia, pero Juan escribió que aun los pies del Señor son los más santos y dignos.

En Apocalipsis 1:16-17 leemos también: *"...y su rostro era como el sol cuando resplandece en su fuerza. Cuando le vi, caí como muerto a sus pies. Y él puso su diestra sobre mí, diciéndome: No temas; yo soy el primero y el último..."*

El apóstol Juan era un hombre santificado y adecuado para recibir las revelaciones de Dios, pero se tornó como una persona muerta ante el Señor quien puso Su mano derecha sobre Juan y le dijo que no tuviera temor. Esto significa que, al imponer Sus manos sobre él, el Señor le dio la tarea de escribir el libro de Apocalipsis que despertaría a muchos en los tiempos finales. Además el Señor consoló a Juan para que pudiera cumplir su tarea con paz.

## La imagen de Dios según la visión del Apóstol Juan

El apóstol Juan vio el trono de Dios y sus alrededores, y escribió acerca de ello en Apocalipsis 4. Él vio un evento que tomaría lugar mucho tiempo después de que él lo escribiera. Tal como en este caso, con el permiso de Dios podemos estar en cualquier lugar y en cualquier momento en el tiempo, ya sea pasado o futuro, trascendiendo el espacio y el tiempo. Podemos ver el Cielo y el Infierno, el tiempo antes de la Creación, y también el Juicio del Gran Trono Blanco que tendrá lugar en el futuro.

En el caso del apóstol Juan, su espíritu fue separado para ver el reino espiritual. En este caso, la separación del espíritu se refiere al espíritu saliendo del cuerpo. Uno también puede ver el reino espiritual por medio de una visión, pero se puede únicamente ciertas partes. Por esta razón, cuando Dios quiso mostrar una imagen más amplia, Él obró por medio de la separación del espíritu. Entonces, ¿cómo pudo el apóstol Juan ver a Dios y a Su trono?

Él había pasado por muchas pruebas y persecución en el nombre del Señor hasta que cumplió noventa años. Fue lanzado a una olla con aceite hirviendo, pero no murió gracias a la obra de Dios. Eventualmente fue exiliado a la isla de Patmos donde recibió revelaciones de Dios al dedicarse a la oración profunda. Para ese entonces, él ya se había santificado por completo por medio de la oración profunda y las muchas pruebas que tuvo que soportar. Él recibió revelaciones en el estado de santidad, y es por eso que su espíritu pudo subir hasta el mismo trono de Dios.

En Apocalipsis 4:3 él describe el trono de Dios de la siguiente manera:

> *Y el aspecto del que estaba sentado era semejante a piedra de jaspe y de cornalina; y había alrededor del trono un arco iris, semejante en aspecto a la esmeralda.*

Gracias a la Providencia especial de Dios, Juan vio a Dios y Su trono, pero no pudo ver los detalles del rostro de Dios por causa de las intensas luces que surgían de Él. Así como no podemos ver al brillante sol por causa de su luz intensa, mientras tengamos tinieblas espirituales en nosotros, tampoco podremos ver la imagen de Dios quien es Luz. Para poder ver la imagen de Dios, debemos abstenernos de la maldad y tener el corazón de Dios para convertirnos en luz perfecta. Únicamente aquellos que entran en el Tercer Reino de los Cielos o niveles superiores pueden ver la imagen de Dios.

El espíritu de Juan ascendió al trono de Dios pero él no logró ver la forma de Su rostro, por tanto, él dijo que era semejante a piedra de jaspe y de cornalina.

'Semejante a piedra de jaspe' significa que hay varios tipos de luces que emanan de Dios. Si se hace brillar la luz sobre el jaspe, este reflejará muchos tipos de luces hermosas, y de manera similar, hay muchos tipos distintos de luces que emanan de Dios. El jaspe también conlleva el significado de la 'pureza; estar libre de defecto; la honestidad y rectitud'. Juan el apóstol describió a Dios comparándolo con una piedra preciosa que la gente considera muy valiosa en este mundo.

'Semejante a cornalina' simboliza que Dios es luminoso y brillante, y que es hermoso como una llama de fuego. La cornalina, que es de color rojizo, contiene la luz del Espíritu Santo que está en Dios. Dios el Padre y Dios el Espíritu Santo son uno, y la luz que el Espíritu Santo abriga se encuentra también en Dios el Padre. Por consiguiente, los colores del jaspe y la cornalina se encuentran comúnmente en toda la Trinidad.

El 'arco iris' simboliza la promesa de Dios (Génesis 9:12-13). Dios mostró un arco iris como señal de Su promesa de jamás castigar a la humanidad con agua después del Diluvio. Juan está comparando la forma del arco iris que rodea el trono de Dios y las luces que surgen de él con la esmeralda. Él comparó los colores y luces del arco iris a la esmeralda dentro de las limitaciones de su conocimiento.

La esmeralda simboliza la firmeza, valentía y fuerza de Dios. En los espectáculos con láser podemos ver las diversas luces resaltando en momentos distintos. Los colores diferentes de las luces aparecen en una secuencia, o quizás se mezclen, para crear una escena aún más magnífica. Cuando las personas ven estos espectáculos, cada uno expresa la luz de manera distinta; algunos quizás se enfoquen en un par de colores especiales, mientras que otros tratarán de explicar los colores mezclados mediante un ejemplo.

El apóstol Juan también vio la luz que surgía de Dios, el trono de Dios y las luces de varios colores que surgían del arco iris que lo rodeaba, y él los expresó usando como ejemplo las piedras preciosas. Es difícil expresar la belleza del Cielo con ejemplos de objetos de este mundo. Por consiguiente, no debemos pensar solamente que las luces que surgen de Dios y de Su trono son como un par de piedras preciosas, sino que debemos tratar de sentir la belleza de aquellas luces coloridas con la inspiración del Espíritu Santo.

## Participar en la naturaleza divina

En el cuarto cielo Dios existe como luz que contiene la voz resonante dentro de la luz. Es un lugar que tiene la luz más fuerte y los colores más hermosos, que superan cualquier comparación. El misterio y claridad de las luces del Dios original llenan el espacio entero. No se pueden comparar con nada en este mundo en cualquier lenguaje humano. Si alguien entra en este espacio, podrá ver las misteriosas luces de Dios y sentir la amplitud de Su corazón. Únicamente pocas personas seleccionadas, quienes han cultivado el mismo espacio y dimensión del corazón de Dios, pueden ir a este espacio con el permiso de Dios. Si una persona no calificada para entrar en este espacio lo hace, su espíritu se dispersará y desaparecerá.

Llegamos a tener un solo corazón con Dios si entramos en la dimensión de la luz perfecta como hijos de la Luz. Entonces las cosas se darán según el anhelo de nuestro corazón y podremos demostrar un poder inimaginable de Dios. Para poder hacer esto, debemos recuperar la imagen perdida de Dios y tener Su corazón. Podremos comunicarnos con Él en la medida en que nos abstengamos de toda forma de maldad y alcancemos el Espíritu Completo para convertirnos en luz perfecta. Una vez que hayamos alcanzado esta condición, recibiremos cualquier cosa que pidamos en oración y estaremos en una posición alta en el reino de los Cielos.

De acuerdo a la medida en que alcancemos la santidad y nos asemejemos al corazón de Dios, podremos usar el espacio de

Dios sobrepasando los límites humanos, y también podremos ver Su imagen. Moisés vio la imagen de Dios ya que él era el hombre más manso sobre la faz de la tierra y fue fiel en toda Su casa. Abraham vio a Dios, quien descendió a este mundo en una forma física, porque estaba muy cerca de la luz perfecta.

Dios hizo el plan para el Cultivo de la humanidad para ganar hijos verdaderos, y Él nos llenó con todo lo que pertenece a la vida y a la piedad con Su poder misterioso. Por consiguiente, debemos esforzarnos por no ser ociosos y sin fruto en el verdadero conocimiento de nuestro Señor Jesucristo. Podemos levantarnos con firmeza en el llamado y elección de Dios mientras añadimos a nuestra fe virtud; a la virtud, conocimiento; al conocimiento, dominio propio; al dominio propio, paciencia; a la paciencia, piedad; a la piedad, afecto fraternal; y al afecto fraternal, amor.

En 2 Pedro 1:3-4 leemos: *"Como todas las cosas que pertenecen a la vida y a la piedad nos han sido dadas por su divino poder, mediante el conocimiento de aquel que nos llamó por su gloria y excelencia, por medio de las cuales nos ha dado preciosas y grandísimas promesas, para que por ellas llegaseis a ser participantes de la naturaleza divina, habiendo huido de la corrupción que hay en el mundo a causa de la concupiscencia"*.

Poder participar en la naturaleza divina es alcanzar la luz perfecta que es lo suficientemente buena para ser absorbida por la luz de Dios. De este modo podemos tener las calificaciones para entrar al espacio de Dios. Participar de la naturaleza divina es alcanzar la luz que es similar a la luz perfecta de Dios e ir hacia el espacio donde habita el Dios original. Ahora, ¿qué se debe hacer para tomar parte de la naturaleza divina?

## Primero: debemos cultivar un corazón perfecto

Debemos llegar a ser uno con Dios quien es espíritu, y así podemos cultivar el corazón perfecto del espíritu. Si tenemos alguna forma de maldad, pensamientos carnales o nuestros propios criterios o pensamientos, no podremos tomar parte de la naturaleza divina. Debemos despojarnos de todo tipo de maldad (1 Tesalonicenses 5:22) y todo pensamiento carnal (Romanos 8:6) para tener un corazón de espíritu.

Tener un corazón de espíritu es tener un corazón completamente espiritual, veraz y sincero, que es el que Dios desea que tengamos. Solo después de tener este corazón podremos comprender lo que Dios, el Señor y el Espíritu Santo en realidad desean. Jesús vino a este mundo y experimentó hambre, tristeza, cansancio y dolor. Él puso en práctica la Palabra de Dios y cumplió la Ley con amor.

A pesar de que estaba pasando por mucho dolor al tener un cuerpo de un ser humano, Él continuó haciendo la voluntad de Dios. Él no discutió ni levantó Su voz, sino que cumplió la voluntad de Dios por completo sacrificándose a Sí mismo. Por consiguiente, no debemos poner excusas diciendo que los seres humanos son débiles sino que debemos tomar parte en la naturaleza divina al despojarnos de toda forma de pecado y maldad y tener solo buenas obras y un corazón piadoso.

¿Qué tipo de corazón tiene usted? Expliqué las cualidades que debemos tener para entrar en el espacio de la luz, y con estas podemos examinarnos a nosotros mismos. Podemos analizar en qué medida nos hemos despojado de las obras de la carne, las cosas de la carne, y la maldad, y en qué medida hemos cultivado el tipo de bondad que Dios desea; cuánto amamos a Dios con el corazón y cuánto aroma de bondad emanamos; en qué medida estamos produciendo los nueve frutos del Espíritu Santo y los frutos de las Bienaventuranzas.

Respecto a tener paz, por ejemplo, si podemos tener paz con toda persona, significa que tenemos un corazón de espíritu, estamos cerca de la luz del Señor y estamos tomando parte en la naturaleza divina en la misma medida. Podemos decir que tenemos un perfecto corazón del espíritu únicamente cuando producimos los frutos del Espíritu Santo, el amor espiritual descrito en 1 Corintios 13, los frutos de las Bienaventuranzas y los frutos de la Luz, no solo al 50% o 60%, sino al 100%.

## Segundo: debemos orar con la inspiración del Espíritu Santo

Dios no desea el aroma de una oración que se ha hecho por obligación, sino que desea que oremos con sinceridad para cultivar el corazón de Dios. Las personas quizás oren por la misma cantidad de tiempo, pero el aroma del corazón difiere de persona a persona. Algunos están satisfechos con tan solo cumplir con el tiempo de oración diario, mientras que otros ni siquiera se dan cuenta del paso de tiempo cuando oran porque se sienten muy felices al orar ante Dios y ser transformados con su amor por Él.

Se supone que debemos mostrar obras del reino espiritual es este mundo físico. Para hacerlo debemos recibir fortaleza y poder de parte de Dios quien mora en el espacio espiritual. Por consiguiente, no debemos ofrecer nuestras oraciones tan solo con un sentido de responsabilidad. Dios desea que oremos con todo el corazón porque lo amamos.

Para recibir poder de Su parte, debemos ofrecer oraciones espirituales que puedan penetrar por el espacio físico y abrir el espacio del espíritu. Para lograrlo, no debemos orar a nuestra conveniencia o mientras estamos preocupados con pensamientos ociosos. Aquellas oraciones no pueden penetrar el espacio físico. Simplemente serán desperdiciadas. Dios no se conmueve con estas oraciones. Si sus hijos obstinadamente le piden que les de algo que desean solo por su codicia, ¿cómo se sentiría usted como padre? Probablemente se desilusionaría.

1 Corintios 2:10 dice: *"Pero Dios nos las reveló a nosotros por el Espíritu; porque el Espíritu todo lo escudriña, aun lo profundo de Dios"*. Debemos orar de acuerdo a la inspiración del Espíritu Santo que está en nuestro corazón. Entonces podremos orar por las cosas que son adecuadas según la voluntad de Dios, y entenderemos qué debemos hacer. Podremos abrir la puerta del espacio espiritual y tener comunicación con Dios

quien está en la dimensión espiritual porque estaremos unidos con el Espíritu Santo en nosotros.

## Tercero: debemos amar y aceptar a los demás con generosidad virtuosa

El corazón del espíritu que se asemeja al corazón de Dios ya contiene amor y generosidad, pero estoy poniendo énfasis en el amor y la generosidad una vez más. Esto se debe a que tenemos que ser capaces de amar a todo el que nos rodea porque amamos a Dios, y debemos tener un corazón amplio y generoso para poder aceptar a todos. Debemos estar llenos de amor y generosidad y cuidar de cada persona a nuestro alrededor que está enfrentando un tiempo difícil o que está debilitado. El corazón de Dios es amplio sin medida, pero Él es tan delicado y cuidadoso que cuida de huérfanos y viudas, y la situación de los abandonados.

Cuando nos interesamos aun por las cosas más insignificantes y edificamos a los demás con nuestra generosidad, estamos tomando parte de la naturaleza divina. Debemos analizarnos a nosotros mismos y cambiar por medio de la Palabra de Dios a fin de poder ser parte de la naturaleza divina.

Cuando tenemos un corazón completo de la luz y tomamos parte de la naturaleza divina, como he explicado antes, podemos sumergirnos en el espacio de la luz y en el espacio de Dios. Si nos sumergimos en el espacio de Dios, podremos ver la luz especial de ese espacio y también podremos sentir el corazón de Dios que es extenso y grande. Además, aunque nuestro cuerpo físico está en el espacio físico, usaremos el espacio de Dios que poseemos en nuestro corazón para manifestar cosas sorprendentes que sobrepasan el entendimiento humano.

1 Juan 1:5 nos enseña: *"Este es el mensaje que hemos oído de él, y os anunciamos: Dios es luz, y no hay ningunas tinieblas en él"*. Si permanecemos en la luz perfecta de Dios, significa que tendremos un solo corazón con Él y que cualquier cosa que abriguemos en el corazón se dará, y podremos manifestar gran poder que el hombre no puede imaginar.

Ruego en el nombre del Señor que usted alcance tales requisitos para que pueda disfrutar en este mundo de todas las bendiciones que Abraham disfrutó, y que pueda ir a las posiciones más gloriosas en el Cielo, un eterno espacio de luz.

El autor:
# Dr. Jaerock Lee

El Rev. Dr. Jaerock Lee nació en 1943 en Muan, Provincia de Jeonnam, República de Corea. A sus veinte años, él padeció de una serie de enfermedades incurables durante siete años, y al no tener ninguna esperanza de recuperación, él esperaba únicamente la muerte. Cierto día, durante la primavera de 1974, fue invitado por su hermana a una iglesia, y cuando se inclinó para orar, el Dios vivo inmediatamente lo sanó de todas sus enfermedades.

Desde el momento en que el Rev. Dr. Lee conoció a Dios a través de aquella experiencia maravillosa, él ha amado a Dios con todo su corazón y sinceridad. En 1978 él recibió el llamado a ser un siervo de Dios. Clamó fervientemente a fin de entender con claridad la voluntad de Dios y llevarla a cabo por completo, y obedeció a cabalidad la Palabra de Dios. En 1982 fundó la Iglesia Central Manmin en Seúl (Corea del Sur), e innumerables obras de Dios, incluyendo sanidades o prodigios milagrosos, han tomado lugar en la iglesia.

En 1986 el Rev. Dr. Lee fue ordenado como pastor en la Asamblea Anual de la Iglesia de Jesús de Sungkyul de Corea, y cuatro años más tarde sus sermones empezaron a ser transmitidos en Australia, Rusia, las Filipinas, y otros lugares a través de la Compañía de Radiodifusión del Lejano Oriente, la Estación de Radiodifusión de Asia, y el Sistema Radial Cristiano de Washington.

Luego de transcurridos tres años, en 1993, la Iglesia Central Manmin fue denominada por la Revista Christian World de EE. UU. como una de las '50 Iglesias Principales del Mundo'. El mismo año el Dr. Lee obtuvo un Doctorado Honorario en Teología en Christian Faith College, Florida, EE. UU., y en 1996 obtuvo un Ph.D. en Ministerio en el Seminario Teológico de Kingsway en Iowa, EE. UU.

Desde 1993, el Rev. Dr. Lee ha tomado la batuta en el área de las misiones mundiales a través de cruzadas evangelísticas internacionales en Tanzania, Argentina, Los Ángeles, Baltimore, Hawái, y la ciudad de Nueva York en los Estados Unidos, Uganda, Japón, Pakistán, Kenia, las Filipinas, Honduras, India, Rusia, Alemania, Perú, República Democrática de Congo, Israel y Estonia.

En el año 2002, los principales diarios cristianos de Corea lo nombraron 'el evangelista mundial' por su labor poderosa en varias Grandes Cruzadas Unidas internacionales. Su Cruzada Nueva York 2006 realizada en el Madison Square Garden, el coliseo más famoso del mundo, se transmitió a 220 naciones, y durante su Cruzada Unida Israel 2009 realizada en el Centro Internacional de Convenciones de Jerusalén, él proclamó con valentía que Jesucristo es el Mesías y Salvador. Sus sermones se transmiten a 176 naciones vía satélite, incluyendo GCN TV. Fue nombrado como uno de 'Los diez líderes cristianos con mayor influencia' en el año 2009, y en el 2010 se destacó en InVictory, la popular revista cristiana de habla rusa y la agencia Christian Telegraph por su poderoso ministerio de televisión y pastorado a nivel mundial.

Hasta Agosto de 2013, la Iglesia Central Manmin cuenta con una congregación de más de 120 000 miembros; tiene 10 000 iglesias filiales locales e internacionales en el mundo entero, incluyendo 54 iglesias filiales locales y más de 129 misioneros que han sido comisionados a 23 países, entre ellos los Estados Unidos, Rusia, Alemania, Canadá, Japón, China, Francia, India, Kenia, y muchos más.

Hasta la fecha de esta publicación, el Dr. Lee ha escrito 87 libros, incluyendo algunos en lista de superventas de librería tales como *Gozando de la Vida Frente a la Muerte, Mi Vida Mi Fe I y II, El Mensaje de la Cruz, La Medida de Fe, Cielo I Y II, Infierno,* y *El Poder de Dios.* Sus obras han sido traducidas a más de 75 idiomas.

Sus editoriales cristianos se publican en los diarios *The Hankook Ilbo, The Chosun Ilbo, The JoongAng Daily, The Dong-A Ilbo, The Munhwa Ilbo, The Seoul Shinmun, The Kyunghyang Shinmun, The Korea Economic Daily, The Korea Herald, The Shisa News,* y *The Christian Press.*

El Dr. Lee es actualmente el líder de muchas organizaciones y asociaciones misioneras, entre ellas: Presidente de la Iglesia de la Santidad Unida de Jesucristo, Presidente de la Misión Mundial Manmin, Presidente vitalicio de la Asociación de Avivamiento y Misiones Cristianas Mundiales, Fundador y Presidente de la Junta de la Red Cristiana Mundial (GCN por sus siglas en inglés), Fundador y Presidente de la Junta de la Red Mundial de Médicos Cristianos (WCDN por sus siglas en inglés), y Fundador y Presidente de la Junta del Seminario Internacional Manmin (MIS por sus siglas in inglés).

### Cielo I y II

Una descripción detallada del maravilloso y vívido ambiente que los ciudadanos del Cielo disfrutarán en los cinco niveles del Reino de los Cielos, además de una hermosa descripción de cada uno de ellos.

### El Mensaje de la Cruz

Un poderoso mensaje de avivamiento para todos aquellos que están espiritualmente adormecidos. En este libro encontrará la razón por la que Jesús es el único Salvador y es el verdadero amor de Dios.

### Infierno

Un sincero y ferviente mensaje de Dios para toda la humanidad. ¡Dios desea que ningún alma caiga en las profundidades del infierno! Usted descubrirá una descripción nunca antes revelada de la cruel realidad del Hades y del Infierno.

### Gozando de la Vida Frente a la Muerte

El testimonio de la vida y de las experiencias del Reverendo Dr. Jaerock Lee, quien nació de nuevo y fue rescatado del valle de la muerte, y que desde entonces ha vivido una vida cristiana ejemplar.

### *La Medida de Fe*

¿Qué tipo de lugar celestial y qué tipo de corona y recompensas están preparadas para usted en el Cielo? Este libro proporciona la sabiduría y guía para que usted mida su fe y cultive una fe mejor y más madura.

### *¡Despierta Israel!*

¿Por qué ha mantenido Dios sus ojos sobre el pueblo de Israel desde el principio del mundo hasta hoy? ¿Qué tipo de providencia ha preparado Dios para Israel en los últimos días mientras esperan al Mesías?

### *Mi Vida, Mi Fe I y II*

La autobiografía del Dr. Jaerock Lee proporciona un fragante aroma espiritual a los lectores a través de su vida extraída del amor de Dios que brotó en medio de olas oscuras, un yugo frío y la mayor desesperación.

### *El Poder de Dios*

Un libro que toda persona debe leer, ya que sirve como una guía esencial por medio de la cual podemos llegar a poseer fe verdadera, además de experimentar el maravilloso poder de Dios.